Egocentricidade e Mística

Ernst Tugendhat nasceu em 1930, em Brünn. Atualmente, vive em Tübingen. É professor emérito de Filosofia nas Universidades de Berlin e Tübingen.

Suas principais obras são: *Vorlesungen zur Einführung in die sprachanalytische Philosophie* [*Lições introdutórias à filosofia analítica da linguagem*] (1976), *Selbstbewusstsein und Selbstbestimmung* [*Autoconsciência e autodeterminação*] (1979) e *Vorlesungen über Ethik* [*Lições sobre ética*].

Ernst Tugendhat
Egocentricidade e Mística
Um estudo antropológico

Tradução de
ADRIANO NAVES DE BRITO
VALERIO ROHDEN

wmf **martinsfontes**

SÃO PAULO 2013

Esta obra foi publicada originalmente em alemão com o título
EGOZENTRIZITÄT UND MYSTIK
por Verlag G. H. Beck
Copyright © Verlag C. H. Beck oHG, Munique 2006
Copyright © 2013, Editora WMF Martins Fontes Ltda.,
São Paulo, para a presente edição.

1ª edição 2013

Tradução
ADRIANO NAVES DE BRITO
VALERIO ROHDEN

Revisão da tradução
Karina Jannini
Acompanhamento editorial
Luzia Aparecida dos Santos
Revisões gráficas
Ana Caperuto
Maria Luiza Favret
Edição de arte
Katia Harumi Terasaka
Produção gráfica
Geraldo Alves
Paginação
Studio 3 Desenvolvimento Editorial

Dados Internacionais de Catalogação na Publicação (CIP)
(Câmara Brasileira do Livro, SP, Brasil)

Tugendhat, Ernst
  Egocentricidade e mística : um estudo antropológico / Ernst Tugendhat ; tradução de Adriano Naves de Brito, Valerio Rohden. – São Paulo : Editora WMF Martins Fontes, 2013. (Biblioteca do pensamento moderno)

  Título original: Egozentrizität und Mystik.
  ISBN 978-85-7827-648-5

  1. Antropologia 2. Egoísmo 3. Filosofia analítica 4. Linguagem humana 5. Mística 6. O Eu (Filosofia) I. Título.

12-15196   CDD-128

Índices para catálogo sistemático:
1. Seres humanos : Antropologia filosófica   128

Todos os direitos desta edição reservados à
Editora WMF Martins Fontes Ltda.
Rua Prof. Laerte Ramos de Carvalho, 133 01325.030 São Paulo SP Brasil
Tel. (11) 3293.8150 Fax (11) 3101.1042
e-mail: info@wmfmartinsfontes.com.br http://www.wmfmartinsfontes.com.br

SUMÁRIO

Prefácio VII
Introdução 1

PARTE I
RELACIONAR-SE CONSIGO MESMO

1. A linguagem proposicional e o dizer "eu" 7
2. "Bom" e "importante" 27
3. O dizer "eu" no domínio prático: autoativação e
   imputabilidade 46
4. O bom do ponto de vista adverbial, prudencial e
   moral; honestidade intelectual 68
5. Relacionar-se com a vida e com a morte 95

PARTE I
TOMAR DISTÂNCIA DE SI MESMO

6. Religião e mística 121
7. Espanto 165

Apêndice sobre aspectos históricos e anistóricos 179

PREFÁCIO
RACIONALIDADE PROPOSICIONAL DO EU E DA MÍSTICA

Valerio Rohden (UFRGS/ULBRA)

Antropologia como reflexão linguística

Pretendo tratar aqui de recentes desenvolvimentos do pensamento de Ernst Tugendhat na perspectiva antropológico-linguística de seu livro *Egozentrizität und Mystik*. (Tugendhat, 2003). Surpreende nesse livro o modo como o enfoque que guia a filosofia moderna, de abordagem egocêntrica da realidade, passa a ser não apenas desenvolvido linguisticamente, como o haviam tentado contemporâneos de Kant, mas é ulteriormente transformado por Ernst Tugendhat desde uma perspectiva analítica atual. O modo como o livro, desde essa perspectiva, soberanamente reintegra teoria e prática na representação das etapas sucessivas do desenvolvimento individual é entendido por ele como passagem *espontânea* da egocentricidade à descentralização do Eu até a Mística. Parece-me, contudo, que essa pretensa *naturalidade* da evolução reflexiva da vida humana que o autor propõe seja, antes, fruto de uma conversão filosófica espiritual, ao mesmo tempo fundada numa racionalidade tanto proposicional quanto prática.

A base antropológica da referida investigação é elaborada em dois momentos principais: primeiro, no texto inédito – "A Antropologia como filosofia primeira", que assume como seu ponto de partida moderno a filosofia de Kant; e, segundo, no "Apêndice sobre aspectos históricos e anistóricos" do próprio livro *Egocentricidade e mística* (pp. 179-87). Prenúncios dessa abordagem encontram-se disseminados em diversos escritos menores, de modo mais marcante nos textos que compõem *Não somos de arame rígido* e que a antecedeu imediatamente. De acordo com a intuição aí exposta, o homem, graças ao distanciamento da situação operado pela linguagem proposicional, pode conceber aquilo que é bom e, em vista disso, fazer política. Do distanciamento proposicional nasce a representação de outra forma possível de vida, propiciada apenas ao homem e não às demais espécies animais, que em sua luta pela sobrevivência limitam-se **a reagir dentro de uma situação dada**. Tanto a representação teórica do verdadeiro quanto a representação prática do bom, ou seja, daquilo que é melhor ao homem como forma possível de vida, advêm, ambas, do fato de ele ser *logos*, isto é, de ser um animal que se caracteriza pela possibilidade de desenvolver uma linguagem proposicional, dentro da qual estão presentes todos os elementos de uma estrutura teórica e também prática de ação, que se resume ao afirmar e negar, ao refletir, ao posicionar-se, ao escolher, ser livre e justificar suas afirmações e decisões mediante razões.

O livro conta com duas partes: a primeira delas intitula-se – e aqui sigo provisoriamente a tradução espanhola (Tugendhat, 2004) – "Comportar-se em relação a si mesmo" *(Sich-verhalten zu sich)*; e a segunda, "Distanciar-se de si mesmo" *(Zurücktreten von sich)*. Trata-se de entender de que modo essas duas partes estão inter-relacionadas e de que maneira essa passagem de uma esfera a outra

PREFÁCIO IX

pode ser entendida por Tugendhat como espontânea. Ou seja, trata-se de mostrar, na primeira parte, como o processo de reflexão do dizer "eu" leva internamente, através da escalada de diversos níveis sucessivos, a um distanciamento de si que, do ponto de vista místico, culmina numa autossupressão ou, menos drasticamente, numa autorrelativização do Eu. Desde esta perspectiva, em face da máxima intranquilidade que a morte gera à vida – a qual, em contraste com a morte, tem como desejo máximo perpetuar-se – a superação do medo da morte e dos sofrimentos da vida é buscada como paz de alma. Em vista disso, conceitos como egocentricidade, racionalidade, importância, reflexão tornam-se conceitos-chave da obra.

Para avançar na explicitação da base racional-linguística da concepção antropológico-filosófica de Tugendhat, quero inicialmente referir-me aos dois textos antes mencionados, em que essa base antropológica é justificada: primeiramente, no Apêndice sobre histórico e não histórico ao final do livro *Egocentricidade e mística,* e então no texto manuscrito "A Antropologia como filosofia primeira".

Segundo o primeiro texto, o tema da racionalidade situa-se, já por uma questão de método, na perspectiva do que diz "eu", porque a perspectiva do Eu no estudo da Filosofia é a perspectiva da justificação, ou seja, de dar razões. É como quando na Filosofia comparo uma perspectiva histórica e uma perspectiva racional. Quando faço filosofia, não quero saber primordialmente apenas o que outros pensaram, mas se o que eles disseram é verdadeiro ou importante. Isto descarta a prioridade da explicação causal, que, antes de mais nada, leva em conta o tempo e a cultura, porque não se pode falar de uma época sem fazer suposições antropológicas gerais. Por exemplo, se nos perguntamos como é possível uma vida digna sob as condições do capitalismo global, pressupomos uma ideia de vida digna do ser humano. Esta ideia não pode ser extraída simplesmente da época. Se vamos indagar-nos sobre o estatuto teórico dessa ideia, não deixamos de pensar no apriorismo kantiano, e sobretudo em seu apriorismo prático, que no caso concerne à forma geral de vida que queremos ter como seres humanos. E é assim que o livro vai terminar. Ou seja, Tugendhat declara em seu final: "O universal do ser humano tem o mesmo alcance da compreensão, ou seja (e, nesse ponto, distingo-me de Gadamer), da compreensão de razões. O que isso significa em termos de conteúdo pode e deve ser corrigido empiricamente, mas tais correções implicam que aquilo que tínhamos em vista nunca deixou de ser uma ideia geral do ser humano." (Tugendhat, p. 187).

Os elementos kantianos implícitos nesse pensamento são muitos. É primeiramente a ideia, presidindo o tratamento teórico, como também sucede na ideia kantiana de história desde um ponto de vista cosmopolítico e ainda na ética e na estética kantianas. E kantiana é sobretudo a inspiração dessa distinção metodológica entre um conhecer na terceira pessoa e um dar importância e justificar na primeira pessoa. Trata-se da distinção kantiana, no conceito de filosofia, entre conhecer historicamente a Filosofia e filosofar enquanto exercício da própria razão, ousar pensar por si mesmo. Assim, algumas das inovações de Tugendhat talvez constituam uma reformulação linguístico-proposicional de teses centrais de Kant. Contudo, uma nova fórmula, que para o crítico de Kant, Tittel, era pouco, para Kant era muito (Kant, 2003, p. 25).

Em seu texto "A Antropologia como filosofia primeira", Tugendhat reconhece que Kant no texto da *Lógica* (Ak IX 25), ao remeter todas as questões fundamentais da epistemologia (Que posso saber?), da ética (Que devo fazer?) e da religião (Que me é permitido esperar?) à questão central "Que é o homem?", concebeu pela primeira vez a Antropologia como filosofia primeira. Chama a atenção, segundo Tugendhat, que Kant formule as três primeiras perguntas na primeira pessoa do singular "eu", mas entende que Kant não se oporia a que as formulássemos na primeira pessoa do plural "nós": Que podemos saber? etc., enquanto a quarta pergunta (Que é o homem?) é apresentada por ele de forma objetiva, entendida como humanidade. De qualquer modo, o ato de expressar as questões na primeira pessoa não revelou nenhuma idiossincrasia de Kant, mas ressaltou o caráter reflexivo da Antropologia. Nós só podemos compreender antropologicamente os seres humanos na primeira pessoa do singular ou plural, e é por isso que a Antropologia se situa na base das outras disciplinas como filosofia primeira. O uso do "nós", ao invés do "eu", distingue a reflexão de uma simples reflexão autobiográfica e revela que nos damos conta da nossa própria forma de entender como um entendimento essencialmente compartilhado, ao invés de uma perspectiva meramente subjetiva. Na medida em que aí se mostra uma dinâmica que leva do subjetivo ao objetivo, desde o início antecipamos o âmbito universal. O entendimento compartilhado, a possibilidade do diálogo são fundamentais na concepção da Antropologia como disciplina básica em relação às demais disciplinas filosóficas. E a pergunta fundamental da Antropologia é: que significa e qual é a estrutura desse entendimento compartilhado ou do entendimento humano.

Assim, a pergunta tradicional da Metafísica: "O que é o ser?" desloca-se para a questão: "Em que consiste a estrutura do entendimento humano?" Em Platão, essa questão expressou-se nos termos: "De que maneira se deve viver" *(República,* I352a). No Taoismo, da China, a pergunta tinha um sentido idêntico: "Que significa caminho?"

ou: "Que caminho devemos tomar na vida?" Essa pergunta inclui a primeira pessoa do singular e do plural. Segundo os termos de Tugendhat: "Trata-se de uma pergunta em primeira pessoa, de uma pergunta de cada um e, ao mesmo tempo, de uma pergunta que fazemos uns aos outros, de uma pergunta do "nós", que tem uma pretensão intersubjetiva. Se tivesse um sentido simplesmente subjetivo, não se diria 'como se *deve* viver'" (Tugendhat, 2006, p. 5). A pergunta pelo bem tem nessa concepção antropológica uma prioridade motivacional, ligada à estrutura de um entendimento compartilhado. E o guia acerca do modo como entender a pergunta sobre a estrutura desse nosso entendimento é a concepção aristotélica do *lógos*, entendido como estrutura predicativa ou proposicional da linguagem humana. O importante aí parece-me ser a relevância que Tugendhat confere à identificação entre Antropologia e reflexão, que nisso se distingue da abordagem da Etnologia, a qual só se dá em terceira pessoa. Assim, a Antropologia filosófica não remete simplesmente a fatos, mas entende a sua reflexão racional como um exame crítico e uma tomada de posição tanto sobre a própria cultura quanto sobre culturas alheias, sobre o que nelas é importante para nós. E assim também o adversário da abordagem da Antropologia como filosofia primeira não é a metafísica tradicional, mas a abordagem meramente objetiva, etnológica ou histórica. Pois o homem não está determinado geneticamente a um modo de vida, mas busca razões para formas melhores de vida, as quais ele escolhe e pelas quais ele opta. Aí tampouco se trata de fazer uma história do que é bom, e sim se algo se apresenta *a nós* como bom. Nesse enfoque, Platão e Kant convergem, com a diferença de que, segundo Tugendhat, Kant funda a sua concepção de racionalidade num núcleo suprassensível – interpretação que não queremos discutir aqui.

Egocentricidade e proposicionalidade

Concentremo-nos agora mais especificamente nas duas partes do livro *Egocentricidade e mística*. Como já observei antes, a base dessa concepção linguístico-proposicional da Antropologia parte da intuição de Aristóteles, constante em *Política* I, 2, 1253a 7 ss., de que os homens têm na estrutura predicativa da linguagem uma representação do bom, entendido como um predicado. Essa estrutura predicativa chama-se proposicional (Tugendhat, p. 9). Nela, a representação do bom relaciona-se com normas que demandam fundamentação. Este fato leva a uma vinculação social da conduta a fatores verbais e culturais, antes que a fatores genéticos.

Que a semântica da linguagem humana tem uma estrutura proposicional significa basicamente uma independência da situação, pois à estrutura proposicional contrapõe-se o fato de que as demais linguagens são linguagens de sinais vinculadas à situação. Pois em uma linguagem distinta da situação temos que, primeiro, suas orações predicativas envolvem um predicado como termo geral, e um ou mais termos singulares; segundo, que elas enquanto orações mais complexas envolvem modos, que são basicamente o modo assertórico e o modo prático; terceiro, que elas podem ser negadas.

Dizer "eu", como um referir-se a si próprio, significa que, se experimento um estado interno, então também o sei mediante a aprendizagem do uso da proposição correspondente. Com a palavra "eu" não é então referido algo *em mim*, o Eu, mas com ele o *falante* refere-se a si mesmo. Identifico-me a mim mesmo, não com um Eu, mas sim na medida em que me atribuo um lugar, assim como o atribuo a meu corpo. Objetivo-me fazendo afirmações sobre mim, sobre meus desejos, opiniões, intenções, sentimentos. De modo que, enquanto nas afirmações se passa de uma consciência proposicional a uma consciência "eu", a consciência de si dá-se por meio de predicados atribuídos a uma pessoa, que é *uma entre várias outras dentro de um mundo objetivo* de objetos que se distinguem entre si. Consciência de si e consciência de objetos não se opõem. Dentro de um mundo objetivo dá-se ao mesmo tempo uma consciência de outros objetos e de si como objeto entre eles. Eu só posso ter consciência de um mundo objetivo se o refiro a mim. Assim como cada um é para mim alguém que diz "eu", apresenta-se ante mim e para mim uma pluralidade de pessoas que dizem "eu". Dentro do mundo objetivo constitui-se um *universo* parcial de pessoas que se percebem reciprocamente como outros que dizem "eu". Assim, o autocentramento converte-se em uma ego-centricidade, em que tanto se tem desejos, intenções etc., quanto se sabe que os tem como próprios. Portanto, Tugendhat procurou num primeiro momento demonstrar que a consciência de si se dá linguisticamente num universo objetivo, do qual faz parte um universo de pessoas que dizem "eu", cada qual consciente de si relacionando-se com outros, mas atribuindo importância a si próprio. A egocentricidade não é isolada, e sim duplamente objetiva, e o objetivo é referido a um Eu, sem o qual tampouco o objetivo existiria. Esta consciência de si, sendo linguística, torna também o mundo objetivo um mundo linguístico de pessoas falantes e reciprocamente autorreferentes.

O termo *lógos* não significa apenas linguagem, a qual outras espécies animais também possuem, mas significa linguagem predicativa. Como aspecto fundamental da constituição da racionalidade do *lógos*, a independência da situação advém dos termos singulares. Enquanto eles referem objetos singulares, a referência a um objeto distingue-o de outros e, portanto, pressupõe a consciência de um universo ou de um *mundo de objetos*. Do que se infere que a capacidade de individualização está ligada à capacidade de *universalização*. "Portanto, a gente só pode relacionar-se a algo singular na medida em que ao mesmo tempo se refere a um mundo" (Tugendhat, 2003, pp. 16-7). De outro lado, a referência a objetos situa-se dentro de uma comunidade de falantes, em relação à qual prevalece um mundo objetivo. O entendimento recíproco dá-se dentro de um mundo objetivo: "A comunidade de falantes é ela mesma parte do universo dos objetos"(Tugendhat, 2003, pp. 16-7). A proposição predicativa substitui um estado de coisas, em relação ao qual o falante e o ouvinte referem-se a um idêntico, a uma coisa comum, que é afirmada ou negada, querida ou exigida. Afora isso, ela tem como características: a) tomar posição em relação ao sim e ao não ou abster-se; b) pensar; c) falar a favor ou contra algo numa proposição.

A questão de razões *(Gründe)* faz parte da estrutura semântica da proposição assertória. Indo nisso além de Wittgenstein, para quem entender uma proposição assertória significa saber o que é o caso quando a proposição é verdadeira *(Tractatus* 4.024), Tugendhat acrescenta que isso a gente sabe quando tem as razões pró ou contra. Junto com a semântica da linguagem aprendemos as regras de identificação e fundamentação. Os *Sachverhalte* (estados de coisas) são assim objetos de uma **reflexão**, ou de um poder perguntar por razões. A razão enquanto faculdade se desenvolve no âmbito da linguagem proposicional mediante o poder perguntar por razões.

Entre os desenvolvimentos essenciais da racionalidade, ao nível da egocentricidade humana, encontra-se a reflexão. Depois de um relacionamento lúdico com a vida, a criança começa a se dar conta de que tem de se preocupar com o seu futuro, tem de pôr sua própria vida como fim terminal. Trata-se de um *müßen* [de um "ter que" do tipo da necessidade natural], enfim, de uma necessidade biológica, contudo diferente da do animal: o *müßen* humano não é voltado para a sobrevivência, mas para um viver bem, do modo como a gente quer viver. Nessa passagem do lúdico à preocupação séria com a própria vida passa-se da consciência do fim próprio à consciência das fases temporais da vida, ao mundo comum, em que se pode tomar o bem-estar dos outros como seu fim-terminal. Até porque sem altruísmo a vida seria impossível. Os animais não podem ser altruístas, porque esta é uma forma de conduta deliberativa voltada a fins, que requer um espaço de liberdade. Depende da liberdade de cada um estabeler como **seu fim** tanto o seu próprio bem-estar, quanto, ao mesmo tempo, o bem-estar de outros. Assim, não se trata do que pensava Nietzsche, de satisfazer a uma inclinação. Nesse sentido, a egocentricidade distingue-se do egoísmo, pois ela permite tomar por fim não só o seu próprio bem, mas também o bem-estar de outros enquanto seu próprio fim.

A autoatribuição de importância não envolve o egoísmo, mas a egocentricidade, o que significa dar-se conta de que a gente se situa dentro de um universo de *Mittelpunkte*, de centros ou pontos centrais. Nessa medida, a pessoa, reconhecendo-se dentro do universo de uma pluralidade de Eus como muitos centros diversos, pode tomar distância de seu bem próprio, porque considera importante também o bem-estar de outros. Ou seja, pode inclusive tomar distância de sua própria egocentricidade pela consciência de sua pequenez em face de suas preocupações e do universo. No entanto, também para se libertar da relação com a situação, os indivíduos precisam sentir-se importantes. Os que dizem "eu" têm fome insaciável de ser reconhecidos em seu valor, de ser dignos de amor e apreço, de sentir-se importantes no seu pequeno mundo e diante do Universo.

Do ponto de vista prático, o Eu é o *locus* da responsabilidade, daca em nível reflexivo. A reflexão e a referência a razões são um fazer que tem "eu" como sujeito gramatical (Tugendhat, 2003, pp. 46-7). A reflexão depende de alguém que pode dizer "eu reflito". Portanto, eu sou o agente da reflexão, que pois se relaciona com ação. Assim, o "eu mesmo" implica um fazer e poder. Eu sou eu mesmo enquanto falante e pensante, que como tal envolve ação. Disso Tugendhat conclui que "ser consciente de si mesmo significa ser consciente de si como pensante dentro de uma margem de jogo de tomadas de posição". Assim, a reflexão é constitutiva de toda autoatividade do Eu. A reflexão envolve a questão: qual é o fundamento melhor. Mediante essa questão, a reflexão está presente em todas as ações do Eu, com a especificidade de esclarecer qual possibilidade entre várias é melhor ou ótima. Assim, o *locus* da responsabilidade define-se como uma atividade do Eu que consiste em refletir. Sua fórmula *standard* é: a gente teria podido agir melhor. Contudo, parece equivocado a Tugendhat reduzir a responsabilidade aos domínios da moral e do direito, pois também no caso do prudencialmente bom há responsabilidade. Abro mão de abordar aqui esses aspectos, tanto das várias modalidades do bom, quanto do que é destacado como o "adverbialmente bom".

O tratamento da egocentridade na primeira parte do livro tinha em vista evidenciar a proposicionalidade e racionalidade do dizer "eu", mas também de mostrar o caminho para, mediante a reflexão, elevar-se a formas mais bem fundadas de vida, nas quais os sofrimentos, frustrações e angústias, principalmente em face da morte, pudessem ser adequadamente enfrentados.

O distanciamento de si e a mística

Baseados em declarações anteriores de Tugendhat, diríamos que o *lógos* aristotélico teria sido até aqui a fonte de inspiração originária do novo livro sobre a egocentricidade. Mas ele próprio já parece não pensar isso. Em uma nota de rodapé, deparamos com a afirmação de que o que o levou a escrever o livro foi um ensaio anterior sobre a morte, contido em seus *Aufsätze 1992-2000* (Tugendhat, 2001, pp. 67-90)[1], e a cujo respeito ele agora diz:

> Nele não consegui explicar bem o desejo de viver mais a qualquer custo, porque eu ainda não tinha a hipótese biológica aqui defendida. Contudo, esse ensaio foi o ponto de partida para o presente livro. (Tugendhat, p. 108).

Logo, foi o tema da morte o que o levou à investigação da Mística. E é talvez a partir desta que toda aquela racionalidade do *lógos* presente no exercício da linguagem proposicional possa ser revista em sua característica essencial, que perpassa a egocentricidade e leva à sua posterior supressão ou relativização: ou seja, na consciência da finitude humana, expressa pela característica do **distanciamento**, dada a partir da independização da linguagem proposicional em relação à situação mediante o dizer "eu".

Portanto, também a racionalidade proposicional mantém-se como necessária a essa retificação de perspectiva. Há dois elementos claramente delineados nesse desenvolvimento do homem em direção à Mística: de um lado, o desenvolvimento da reflexão em níveis sucessivamente superiores e, de outro, a espontaneidade dessas passa-

---

1. Cf. sua nova versão do tema em Tugendhat, 2004, pp. 47-62.

gens, como se a direção esboçada em seu começo já contivesse em gestação a sua direção e o seu fim. Tanto o distanciamento de si quanto a forma de relacionamento consigo pela tomada de consciência de si processa-se pela reflexão. Num primeiro nível de distanciamento, a reflexão põe entre parênteses o querido ou pensado e examina as suas condições de ser bom e ser verdadeiro. Já num segundo nível, a reflexão do que diz "eu" medita sobre si e se recolhe para colocar a questão do *como* da vida. Apesar das diferenças de distanciamento, um oferece passagem ao outro. É a pergunta pela justificação, portanto, da racionalidade ou da razão de ser, que em qualquer nível abre a passagem, remetendo à pergunta mais ampla de como queremos viver.

A partir dessa visualização da sua vida em conjunto, opera-se em uma nova fase a opção pelo distanciamento de si, que em duas vertentes orientais, uma budista e outra taoista, levam, a primeira, à supressão do Eu e ao abandono do mundo, e a segunda, à relativização do Eu, porém mantendo-se em relação com o mundo. Relativamente a essas passagens, Tugendhat, como já assinalei, apresenta uma concepção espontaneísta: as passagens são espontâneas, não obrigam, elas desenvolvem-se naturalmente umas a partir das outras. Ou seja, por exemplo, refletindo sobre a vida em conjunto, descubro a sua finitude, efemeridade, o apego ao que não é o mais importante, e com isso me desapego do Eu, na verdade, do "eu quero". Percebendo minha impotência em relação à realização de muitos desejos, inclusive do maior deles, de viver para sempre, tomando consciência da minha pouca importância e pequenez dentro do todo do mundo, sou levado à supressão do Eu, como forma de acabar com o sofrimento nascido da avidez (as reencarnações não passando de novas oportunidades para acabar com uma avidez não totalmente extinta na vida anterior), ou à relativização do Eu, buscando uma paz de alma dentro do mundo, encarado desde então de uma outra maneira. "O distanciamento de si mesmo significa dar um passo para trás não só em relação ao egoísmo, mas em relação à própria egocentricidade." (Tugendhat, p. 118). Esta é a relativização de si mesmo que leva à mística. O "si mesmo", do qual se produz o distanciamento, é o "eu quero". E é sempre o Eu que dá esse passo. A egocentricidade que o antecede caracteriza-se pelo apego aos objetos da vontade, presa além disso ao medo da morte. O tomar distância toma, pois, a forma de negação da vontade ou só de moderação de sua importância.

A segunda parte do livro enfrenta essas questões de forma sistemática. Tugendhat mostra aí que, em decorrência de nossa independência da situação, produz-se na vontade do homem uma contraposição entre multiplicidade ou dispersão e necessidade de recolhimento. Com base na reflexão, nosso caráter autônomo e racional faz-nos querer o recolhimento. Alguém se recolhe ou em vista de algo "deste mundo", ou em vista de si mesmo. Esta última posição foi a de Kierkegaard, também incorporada por Heidegger em *Ser e tempo*. Enquanto os seres humanos respondem a uma determinada estrutura antropológica geral, a necessidade de recolhimento envolve instâncias culturais reais da Religião e da Mística. Segundo as definições usuais, mística envolve, primeiro, uma experiência imediata de Deus ou de uma realidade última; ou ela envolve, segundo, a ideia de uma visão e imersão meditativa nessa realidade. A primeira versão faz parte da mística ocidental e religiosa, e a segunda, da mística hindu e oriental. A perspectiva da primeira pessoa concerne a esta segunda versão. A imersão meditativa é vista desde a perspectiva daquilo de que a gente quer libertar-se, seja ele, por exemplo, "o múltiplo do mundo fenomênico", que contudo não vale para a mística taoista. De modo geral, a mística caracteriza-se pela "tentativa de se libertar da fixação volitiva" (p. 128). Com isso, Tugendhat propõe como concepção da Mística: primeiro, o livrar-se do apego volitivo (livrar-se da avidez ou da preocupação); segundo, o prestar atenção ao Universo, sem submergir meditativamente nele. Assim, um ser que diz "eu", além de um comportamento em relação a outras pessoas, inclui também a consciência de uma totalidade. Os seres humanos, quando pequenos, querem ser grandes e importantes. Mas uma vez dentro da totalidade, do universo, eles têm sempre a impressão de serem pequenos. O problema comum à religião e à mística é o da contingência, decorrente do fato de a vontade humana relacionar-se com o futuro, com fins, com desejos, cuja realização não depende da própria pessoa, apesar do esforço que então é empregado. Para acalmar a dor ante a insuficiência fundamental à realização de muitas esperanças elementares, como as da vida, da saúde, da alimentação, o homem recorre à Religião e à Mística.

A via mística tende a negar a importância dos desejos, envolvendo com isso a transformação da compreensão de si mesmo. Assim, a Mística apresenta-se, primeiro, como distanciamento do "eu quero" e, segundo, como entendimento do múltiplo em sua unidade ou desaparecimento nele. No primeiro caso, pretende-se alcançar uma paz em um estado puro de consciência além do mundo concreto, portanto, como negação do mundo (mística hindu); no segundo caso, representado pelo Taoismo, a paz aspirada encontra-se na vida quotidiana. A vontade aí já não é negada, mas relativizada e limitada. As frustrações, dentro dessa concepção, em vez de serem superadas, são integradas. No primeiro caso, o Universo é visto como uno que suprime toda a multiplicidade; e, no segundo, como um universo espaçotemporal, em que a multiplicidade é percebida como conjunto unitário. No primeiro caso, o místico procura ser uno com o mundo e, no segundo, em vez de se ver egocentricamente, vê-se desde o mundo. No caso hindu, trata-se de um distanciamento absoluto do desejo – da avidez. Para o taoismo – ressalto aqui sua interessante concepção filosófica – o tao é um fundo primordial que precede o ser e o não ser, subjaz à lei de geração e corrupção. É o uno **deste** mundo. O taoismo também é contrário à avidez, mas só enquanto exagerada, não objetiva acabar com os desejos mas quer paz espiritual neste mundo. Não procura livrar-se do sofrimento, mas integrá-lo. Seu problema é a vontade enquanto modo específico de egocentricidade humana. Tal vontade independe da situação, e isso leva a dois níveis de reflexão: primeiro, a refletir sobre a vulnerabilidade humana; segundo, a refletir sobre como comportar-se em relação aos excessos da vontade.

Em relação a essas formas de distanciamento, Tugendhat levanta a questão: é possível que os que dizem "eu" se recolham e tomem distância da situação, sem que este distanciamento se produza em vista de algo? Pode a gente recolher-se ao ponto de limitar esse recolhimento só a si mesma, isto é, isolar-se? Por isso – depois de examinar a concepção mística do monge e filósofo medieval Meister Eckhart, que embora propondo um desapego da própria vontade e querendo que em seu lugar prevaleça a vontade de Deus, em verdade, pensa na vontade em um segundo nível de reflexão como boa vontade, sem afastamento do mundo – Tugendhat termina propondo uma mística intramundana do amor universal como concreção da atitude mística. Nessa mística, a gente dá-se menos importância em relação ao mundo e em relação aos outros seres com os quais se encontra. A mística passa a aparecer como a base compreensível da atitude de amor universal.

A opção de Tugendhat por uma das correntes místicas é clara ao afirmar: "Enquanto a mística, numa orientação primária, persistir na própria paz de espírito, o que diz "eu" não conseguirá distanciar-se radicalmente de si mesmo. (Tugendhat, p. 164). Tento interpretá-lo: se a egocentricidade se mantém como necessidade de dizer "eu" em toda linguagem proposicional, ela também mantém suas relativas inquietações, e a busca da paz não pode, conforme Tugendhat (2005, pp. 11-21) sugeriu no Discurso de Premiação[2], fechar os olhos às inquietações e aos sofrimentos humanos dos demais no mundo presente. Se é verdade que a egocentricidade envolve uma multiplicidade de centros que se estendem a cada um de todos os demais, então a racionalidade coincide com a consciência refletida dessa multiplicidade, que só pode unificar-se em formas superiores de consideração da própria vida em conjunto, como da própria vida relacionada com outras vidas, em face das quais, ou temos universalidade de obrigações, ou temos uma forma superior de amor universal. Certamente, o amor é a salvação mística do indivíduo. O que era distanciamento, converte-se em fusão. Para compreender isso, precisávamos entender a estrutura reflexiva da linguagem, que nos permite distanciar-nos de nós mesmos e ver o bom como possibilidade de uma forma melhor de vida, nascida com a proposicionalidade.

---

2. Cf. toda a seção "En el 75 aniversário de Ernst Tugendhat", pp. 11-36.

Um kantismo fora de lugar?

Vimos que o tema da racionalidade linguística mantém-se como base de toda a abordagem da egocentricidade e da mística. Que a egocentricidade seja racional, prova-se a partir do seu autorreconhecimento como inserida em um universo linguístico e objetivo. Que a mística seja racional, já não parece tão facilmente compreensível, pois ela, à primeira vista, se parece antes com o oposto da racionalidade, ou seja, como uma união irracional ou talvez religiosa com o outro e o todo. E, não obstante, é da racionalidade que ela precisa continuar se valendo como ponto de partida da fundamentação linguística desenvolvida no primeiro capítulo do livro.

Na verdade, a base de uma egocentricidade não necessariamente egoísta e de uma mística não necessariamente religiosa é, no âmbito do pensamento proposto por Tugendhat e no sentido aristotélico da linguagem predicativa, o *lógos*. A presença da racionalidade dá-se através de vários elementos básicos – pela reflexão, pela justificação, isto é, pelo dar razões para afirmações ou negações e para escolhas do bom ou do melhor, enfim, pelo distanciamento da situação, graças ao qual o homem sente-se livre para optar e perguntar pelo sentido da vida. Também o medo da morte e o sofrimento podem ser superados ou reduzidos pela racionalidade mística, isto é, por uma mística de autossupressão ou relativização do Eu, principalmente pela universalização do amor.

Tudo para Tugendhat parece sustentar-se no nível de uma racionalidade originária grega, enquanto união entre razão e natureza, enquanto uma racionalidade naturalizada, pré-cristã ou pós-cristã. Ou seja, a posição linguística, racional e antropológica de Tugendhat parece querer manter-se ao nível do *lógos* primeiro que o inspira, e não tanto ao nível da *Vernunft* kantiana, embora também a concepção de Tugendhat seja guiada por *ideias* racionais, como no exemplo dado, da ideia de uma vida digna. É conhecida a fusão grega de razão e natureza, que culmina na fórmula estoica, também romana: "Viver em conformidade com a natureza." (Rohden, 2005b, pp. 233-48). Kant explicitou o sentido filosófico da fórmula, ou seja, de que ela não significa viver em conformidade com os impulsos, e sim em conformidade com a *ideia* de natureza, que significa viver segundo a representação do todo da natureza. O todo é uma ideia. Assim, viver segundo o todo da natureza significa viver segundo a razão.

Em Tugendhat, prevalece uma razão supostamente naturalizada, emergente de uma evolução biológica que culmina no homem, o qual se distancia dos animais pela linguagem proposicional. A sua antropologia mantém-se como filosofia primeira no nível fenomênico, fortemente influenciada pela antropologia de Kant. Basta ler as primeiras páginas de sua *Antropologia de um ponto de vista pragmático.* Esta é uma antropologia fenomênica e racional, porque dá a conhecer o homem agindo e tomando consciência de si, praticamente, como cidadão do mundo.

Eu só tenho dúvida se toda a evolução biológica humana, que culmina na reflexão mística, pode dar os últimos passos a um nível de mera *espontaneidade* reflexiva, como Tugendhat propõe. Pensemos nas passagens *naturais,* desde a do dizer "eu" até a consciência de si, como partes de um todo linguístico em comunicação predicativa, em que o elemento "eu" se reconhece como limitadamente significante, embora desejando ser reconhecido como importante no Universo. Pensemos nesses propostos passos do distanciamento refletido e ainda natural e espontâneo em direção à pergunta pelo sentido da vida ou de como queremos viver em conjunto; pensemos no passo da reflexão sobre o sofrimento ou a morte. Todos esses passos se sucederiam, segundo nosso grande autor, reflexiva e naturalmente, parecendo assim que a evolução biológica de plena maturidade espiritual se transformaria *naturalmente* em espiritualidade.

Penso que existe nisso um problema. No livro sobre a Religião, Kant diria que se trata do problema da presença do mal. Do ponto de vista antropológico-moral, ele diria que no nível das inclinações o homem tende *naturalmente ao amor de si, à felicidade própria*. Mas a partir do momento em que o **amor de si** (*Selbstliebe*) converte-se em princípio, ou seja, em uma máxima de vida do primado da felicidade própria, ele passa a responder, segundo a *Crítica da razão prática* (*KpV* – A 129, Ak 73, ed. bilíngue 253), pelo nome de **amor-próprio** (*Eigenliebe*). Se, de acordo com Kant, todo o progresso da civilização mediante a cultura, a ciência e o direito, não terá valido a pena se não tiver dado o último passo para a moralidade, este último passo, segundo Kant, não será "natural", no sentido de ser fruto de uma simples inclinação refletida, pois refletida é também a máxima egocêntrica convertida em egoísmo. Ora, o capítulo inteiro da *KpV* sobre os motivos (*Triebfeder*) ensina-nos que a prática moral não é espontânea. Nesse nível, o homem *obriga-se*, racionalmente se auto-obriga. Mantém a autonomia, mas esta significa a autoimposição de um princípio como o da "regra de ouro" de amar os outros tanto quanto a si mesmo, ou de dever na mesma medida aos outros aquilo que a gente quer deles em relação a si mesmo. Este amor universal, que inclui o amor a si mesmo, vai além da natureza entendida como autoconservação ou como espontaneidade moral. Em Kant, o amor de si pode ser entendido de duas formas diversas: numa como amor-próprio egoísta e noutra como

PREFÁCIO

amor de si racional (*vernünftige Selbstliebe*)[3]. O amor de si racional inclui o amor aos outros. Esta posição, já presente na *KpV*, é desenvolvida maximamente na Doutrina da virtude, da *Metafísica dos costumes*, principalmente nos §§ 26 e 27, em que Kant, criticando um solipsismo prático, propõe expressamente uma razão prática não solipsista, portanto, uma razão prática do amor universal. Sabemos que para Kant virtude significa *luta* interminável pela conquista do bom caráter. E, portanto, razão prática é aquela que pela reflexão nos convida a essa luta. Não há aí muito lugar para uma mera espontaneidade natural. Mas se Tugendhat quisesse convencer-nos do contrário, ou seja, de que já no nível de algo como uma razão prudencial natural se chega até onde a moral nos obriga, tanto melhor.

Portanto, a pergunta que deixo em aberto é se os passos mais altos do desenvolvimento e da transformação da consciência linguística e racional de si, enquanto transformação da própria natureza, envolvem uma mera transcendência imanente e natural, ou se os passos desse desenvolvimento espiritual e místico – no qual a transformação humana culmina em tranquilidade de alma ou em sofrimento com a infelicidade dos outros – não incluem o dever, a liberdade, o amor, como superação de si num sentido mais radical, não meramente natural.

---

3. Cito a passagem, primeiro em alemão: *"Die reine praktische Vernunft tut der Eigenliebe bloss **Abbruch**, indem sie solche, als natürlich, und noch vor dem moralischen Gesetze, in uns rege, nur auf die Bedingung der Einstimmung mit diesem Gesetze einschränkt; da sie alsdenn **vernünftige Selbstliebe** genannt wird."* (A razão prática pura apenas causa **dano** ao amor-próprio, na medida em que ela o limita – enquanto natural e ativo em nós ainda antes da lei moral – à condição da concordância com esta lei, em cujo caso então ele denomina-se **amor de si racional**. *KpV* A 129, Ak 73, edição bilíngue, p. 253. Cf. tb. Rohden, 2005a, pp. 196-208.

Ernst Tugendhat perdoar-me-á por esse kantismo fora de lugar. Uma coisa é certa: os kantianos gostam da filosofia de Tugendhat. Pouco se importam com suas críticas, de que Kant supostamente promova uma razão pura como razão teológica, nem com seu suposto mal-entendido em relação ao conceito de máxima. Do que os kantianos sobretudo gostam em Tugendhat é de sua original reformulação da unidade de conhecimento teórico e conhecimento prático, bem como de sua reafirmação, defesa e promoção, ainda que contratualisticamente, do conceito kantiano de autonomia moral. Não se importam com sua quase-empírica proposta de intersubjetividade de exigências, que parece não caber na moral, que os kantianos entendem mais como *auto*exigência racional de universalidade. Entre os muitos méritos da filosofia de Tugendhat, certamente se encontra sua relativa superação da filosofia kantiana, na medida em que a atualiza e a reformula.

Quero concluir com um elogio. Tugendhat deu-nos um exemplo tanto de ousadia filosófica, enfrentando com êxito a determinação do conceito de mística a partir de uma reflexão crítica sobre o conceito de egocentricidade, quanto nos deu um exemplo de coerência prática, expressa no gesto de doação do dinheiro do Prêmio Meister Eckhart a uma escola de refugiados, em Belém. Vejamos em suas palavras a justificação dessa doação:

> Tampouco aos alemães na Alemanha pode ser indiferente o destino dos palestinos, pois cabe ver no passado antissemita da Europa Central e Oriental uma responsabilidade indireta. Assim, pois, espero que a *Identity Foundation* saiba compreender minha decisão de fazer chegar a soma que me outorgou à escola "Talitha Kumi" de Belém, a cargo da *Berliner Missionswerk*. Talitha Kumi significa em aramaico: "Menina, levanta-te!" Essa instituição, fundada

no século XX como pensão para meninas, converteu-se contudo em uma escola de quase 1.000 alunos que cursam desde o jardim de infância até a escola profissional, uma escola coeducacional, progressista, que promove o entendimento e a tolerância. Foi-me assegurado que a doação será utilizada para acolher mais crianças maometanas dos três campos de refugiados que existem em Belém. Essa escola é um dos raios de esperança que iluminam a situação quase sem saída em que se encontram os palestinos, como consequência de um conflito que eles não provocaram.[4]

Mediante esse gesto, nosso Filósofo propiciou à sua teoria mística de autorrelativização da egocentricidade uma prova prática, ou seja, de que o distanciamento da situação permite ao homem ver o que é bom para si e para todos os outros e posicionar-se em relação a ele. A Mística apresenta-se, nessa medida, como um heroico passo para além de si e culmina, pelo testemunho pessoal de seu melhor teórico, na efetiva mística do amor humano.

Referências

KANT, I. *Kritik der praktischen Vernunft / Crítica da razão prática*. Edição bilíngue, traduzida e criticamente organizada por Valerio Rohden. São Paulo: Martins Fontes, 2003.

ROHDEN, V. Críticas de Kant a um solipsismo prático, desde sua perspectiva de uma razão não-solipsista. In: PINZANI, A.; DUTRA, D.V. *Habermas em discussão*. Anais do Colóquio Habermas na UFSC. Florianópolis: Nefipo, 2005a.

ROHDEN, V. Viver segundo a ideia de natureza. In: BORGES, M.; HECK, J. (Orgs.). *Kant: liberdade e natureza*. Florianópolis: Editora da UFSC, 2005b.

---

4. TUGENDHAT, E. Sobre mística. In: *Diálogo científico*, p. 21.

TUGENDHAT, E. A Antropologia como filosofia primeira. Manuscrito, 2006.
TUGENDHAT, E. Sobre mística. In: *Diálogo Científico,* Revista Semestral do Zentrum für Wissenschaftliche Kommunikation mit Ibero-Amerika. Tübingen, v. 14, n. 1-2, 2005.
TUGENDHAT, E. *Aufsätze 1992-2000.* Frankfurt: Suhrkamp, 2001.
TUGENDHAT, E. *Egozentrizität und Mystik.* Eine anthropologische Studie, München, 2003.
TUGENDHAT, E. *Egocentricidad y mística. Un estudio antropológico.* Barcelona: Gedisa, 2004.
TUGENDHAT, E. Unsere Angst vor dem Tod. In: GRAF, F. W.; MEIER, H. *Der Tod im Leben.* München/Zürich, 2004.

INTRODUÇÃO*

A palavra "mística" é empregada de diversos modos. Alguns a associam a uma iluminação particular, intuitiva, mas esse significado é, antes, marginal. Mais relevante é a concepção difundida de que a mística consistiria num sentimento da unidade sujeito-objeto: o místico se veria de algum modo "em unidade" com Deus, com o ser, com todas as coisas. Isso denota um aspecto essencial da maioria das concepções místicas no Oriente e no Ocidente; no entanto, em minha opinião, esse não é o aspecto central. Creio que toda a mística tem de ser compreendida a partir de determinado motivo. O sentimento místico da unidade com o todo não sobrevém simples-

---

* A divisão do trabalho entre os tradutores foi a seguinte: Rohden traduziu a introdução, as seções ímpares e o anexo, e Brito, as seções pares. A revisão final e a correspondente tarefa de padronização da terminologia e do estilo, embora tenham sido iniciadas em trabalho conjunto com Rohden, ficaram a cargo de Brito, a quem se devem imputar as escolhas definitivas. Essa assimetria na preparação final dos originais deveu-se ao falecimento de Valerio Rohden, a quem, com amical apreço e *in memoriam*, dedico a publicação desta tradução. A versão espanhola de Mauricio Suárez Crothers (Barcelona, Gedisa, 2004) foi cotejada. [N. dos T.]

mente a alguém; ao contrário, é procurado. Por quê? Uma resposta seria: porque os homens têm necessidade de paz de espírito.

Essa resposta leva, naturalmente, a perguntas ulteriores. De que modo pode nascer nos seres humanos, à clara diferença dos outros animais, a necessidade de paz de espírito? Não porque eles sofrem, como dizia Buda, pois os outros animais também conhecem o sofrimento, e sim porque a alma humana se encontra numa inquietação que outros animais desconhecem. Essa inquietação está relacionada à autorreferência especificamente humana. Talvez se possa dizer: toda a mística tem como motivo livrar-se da preocupação consigo mesma ou atenuar essa preocupação. Quando a mística consiste no já mencionado sentimento de tornar-se um, esse sentimento baseia-se na necessidade humana de libertar-se do isolamento do ser si mesmo e do modo peculiar como os seres humanos se dão importância e se preocupam consigo próprios, mesmo quando se importam com outras coisas. Em outras palavras, a mística consiste em transcender ou relativizar a sua própria *egocentricidade*; uma egocentricidade que outros animais que não dizem "eu" não possuem. Se quisermos compreender os motivos da mística, teremos de compreender os problemas específicos que aqueles que dizem "eu" possuem com sua egocentricidade.

Portanto, o aconselhável é acolher as perguntas surgidas na filosofia moderna sobre o eu e o ser si mesmo sem deixar de levar em conta aqueles aspectos da autorreferência que foram vistos como obstáculos à paz de espírito. Embora eu pense, em primeira instância, em pessoas de nossa época, tento compreender alguns aspectos pelos quais os seres humanos se distinguem dos outros animais, antes mesmo das peculiaridades culturais, como a capacidade de dizer "eu" e o caráter proposicional de sua linguagem.

A filosofia do idealismo alemão e a psicanálise trataram *do Eu*, sugerindo, porém, a ideia errônea de que o indivíduo tem um eu dentro de si. Por sua vez, na atual filosofia analítica, fala-se às vezes de um "conceito do Eu". Todavia, antes de tudo, "eu" é uma palavra da língua, e não sei se discorreríamos sobre tal conceito se não tivéssemos a palavra.

Se falo com mais frequência dos que dizem "eu" e menos dos *homens* ou simplesmente de *nós*, é porque os seres humanos não podem dizer "eu" desde o início. Além disso, neste estudo interessam-me aquelas propriedades que os seres humanos possuem porque falam uma linguagem proposicional e podem dizer "eu". Recorro pouco à alternativa mais comum na filosofia atual de falar de *nós* porque ela deixa em aberto em quem se está pensando nessa totalidade. Embora seja correto que na reflexão filosófica se deva falar em primeira pessoa – como *nós* nos compreendemos –, penso que seja benéfico ter sempre em vista o contraste com os outros animais.

Se falo com frequência dos "animais das outras espécies", penso naqueles animais "superiores" que não podem dizer "eu". Provavelmente, alguma forma de autorreferência pertence a toda a consciência, portanto, também àquela que supomos nos outros animais superiores e que, naturalmente, também as crianças pequenas possuem[1]. Sobre o modo como se deve compreender essa consciência em geral e a "sensibilidade egocêntrica" que lhe pertence (uma egocentricidade entre aspas), não ape-

---

[1]. "Some sort of non-conceptual egocentric sensitivity", diz Tyler Burge (WRIGHT, C. *et al.* (orgs.). *Knowing our own Minds*. Oxford, 1998, p. 248).

nas eu, mas também talvez os outros, tenhamos concepções bastante imprecisas, que serão apresentadas em seguida como um vago contraste. Os outros animais não têm nenhuma representação de *si próprios* e, por isso, tampouco podem dar-se importância. Nesse sentido, certamente seria estranho imaginar que pudessem querer tomar distância em relação a si mesmos.

PARTE I

RELACIONAR-SE CONSIGO MESMO

CAPÍTULO 1
A LINGUAGEM PROPOSICIONAL E O DIZER "EU"

Obviamente, uma análise do emprego da palavra "eu" não nos permite compreender tudo o que está na estrutura da relação do homem consigo mesmo, mas, por certo, entendemos grande parte, e penso que faz sentido partir de tal análise. Darei continuidade a ela no capítulo 3 com o exame de uma especial nuança de significação que a palavra tem em seu emprego prático. Os estudos sobre o bom nos capítulos 2 e 4 irão complementar a compreensão da autorreferência. No capítulo 5, as reflexões sobre a relação consigo mesmo ultrapassarão o que se pode deduzir do emprego da palavra "eu".

A partir de certa idade, os homens começam a dizer "eu". Somente eles podem e, por certo, têm de fazê-lo, pois falam uma linguagem proposicional. As análises sobre a relação consigo mesmo, que realizo na primeira parte deste livro, compreendem-se com base em uma ideia de reflexão antropológica, em que a estrutura da linguagem proposicional é considerada o produto da evolução biológica a partir do qual se tornam compreensíveis muitos – mas não todos – os traços que habitualmente são vistos como característicos das diferenças entre os homens e os outros animais, tais como: racionalidade, liberdade, objetivação de si e do meio ambiente, consciência de valores e normas e capacidade de dizer "eu"[1].

1

Foi Aristóteles quem, pela primeira vez, em um capítulo que ficou isolado no início de sua *Política* (I, 2, 1.253a 7ss.), viu que, a partir da estrutura linguística, as diferenças fundamentais entre os homens e os outros animais podem tornar-se compreensíveis. Para elucidar minha abordagem sobre a questão, convém lembrar essa passagem. Nela, Aristóteles compara as configurações sociais dos homens com as de outros animais, como as abelhas, e explica a distinção pela diferença das estruturas de linguagem. Em primeiro lugar, entre os homens, o meio que possibilitaria o vínculo entre os indivíduos em uma configuração social consistiria em suas concepções daquilo que, em dado momento, seria bom para eles, razão pela qual, para as configurações sociais humanas, a questão da justiça é sempre relevante. Em segundo lugar, a circunstância de que os homens podem referir-se ao bom se fundamentaria na estrutura predicativa de sua linguagem (*lógos*). Só se poderia ter uma representação do bom, em oposição a um sentimento do agradável, quando ele fosse entendido como predicado.

Na perspectiva atual, pode-se dar continuidade a essas ideias do seguinte modo: enquanto o comportamen-

---

1. Cf. em minha obra *Aufsätzen 1992-2000* (Frankfurt/Main, 2001) as pp. 141 ss. e 207 ss., bem como em *Problemas* (Barcelona, 2002), no ensaio "Nietzsche y la antropología filosófica", as pp. 206 ss. [Cf. também ROHDEN, V. (org.). *Não somos de arame rígido. Conferências apresentadas no Brasil em 2001*. Canoas, Ulbra, 2002, pp. 73-92.]

to que possibilita a coesão em uma colmeia é dado geneticamente e funciona mediante estímulos químicos, entre os homens, o vínculo dos indivíduos com as configurações sociais ocorre graças às suas concepções sobre o que é bom para eles. Do ponto de vista teórico-evolutivo, isso pode ser explicado pela vantagem que, graças a uma flexibilidade incomparavelmente maior, é dada à capacidade de adaptação das configurações sociais a novas condições ambientais. Quando o modo como os indivíduos, numa configuração social, vinculam-se uns aos outros está baseado em suas concepções sobre o que é bom para eles e, por conseguinte, em normas, que (como tudo o que é considerado bom) carecem de justificação (Aristóteles faz menção a isso referindo-se ao justo), então a conduta social nessa espécie não é preestabelecida pela genética, mas é condicionada verbal e culturalmente. As configurações sociais podem ser dissolvidas e reconstituídas de acordo com as condições contingentes[2]. A ideia de Aristóteles de que a consciência do que é bom fundamenta-se na estrutura predicativa das linguagens humanas parece-me ter sido uma intuição genial, à qual retornarei no capítulo 2.

Aristóteles não ampliou essa perspectiva proposta na *Política* porque sua visão da estrutura da linguagem humana ainda não estava bem formada. Todavia, penso que sua abordagem da estrutura predicativa[3] toque o

---

2. Cf. em meu ensaio "Moral in evolutionstheoretischer Sicht" (*Aufsätze 1992-2000*. Frankfurt/Main, 2001, pp. 199 ss.), as pp. 211 ss.

3. A expressão *lógos*, geralmente ambígua, só pode ser entendida nessa passagem no sentido de *lógos apophantikós* (*De Interpr.* 4). As traduções *Sprache* e *speech*, que já vi serem usadas para essa passagem, são enganosas. Com elas, perde-se o efeito final que interessa a Aristóteles. Ele também concede aos outros animais uma linguagem (cf. *phoné, semeíon* a 10 s.), só que não predicativa.

ponto essencial. Só que hoje é preciso falar mais amplamente da estrutura proposicional, e não apenas da estrutura predicativa.

2

Falo da linguagem *humana* porque certamente a estrutura em questão é característica de todas as linguagens humanas. Enquanto as linguagens de todas as outras espécies são linguagens de sinais vinculadas à situação, as humanas – sem considerar outros aspectos, como sua estrutura sintática e o fato de que têm de ser aprendidas – distinguem-se das rudimentares de outras espécies pela estrutura proposicional de sua semântica.

A característica marcante da proposicionalidade é que, *em primeiro lugar*, as unidades de signos elementares dessa linguagem são frases predicativas. Elas se compõem de um predicado ("termo geral") e de um ou vários termos singulares. *Em segundo lugar*, essas e as frases mais complexas aparecem de diversos modos, tanto sob aquele assertório quanto sob o prático (frases imperativas, volitivas e intencionais). *Em terceiro lugar*, as frases podem ser negadas, ou seja, os parceiros de comunicação podem reagir a elas e, por conseguinte, uns aos outros, usando asserções de tipo sim/não[4].

O que é possibilitado pelos termos singulares é a *independência da situação*, que é característica da linguagem proposicional. A esse tema voltarei mais detalhadamente na próxima seção deste capítulo. A frase predicativa e, por-

---

4. Cf. minha obra *Vorlesungen zur Einführung in die sprachanalytische Philosophie*. Frankfurt/Main, Suhrkamp, 1976, lição 28. [Ed. bras.: *Lições introdutórias à filosofia analítica da linguagem*. Ijuí, Ed. Unijuí, 2006.]

tanto, toda frase proposicional de grau superior, representa algo, um estado de coisas, ao qual falante e ouvinte, quer no modo assertório, quer no volitivo ou imperativo, podem referir-se como a um *idêntico*, afirmando ou negando. Falante e ouvinte entendem-se reciprocamente sobre a mesma coisa. Essa coisa comum não existe nas linguagens das outras espécies. Nelas, a comunicação consiste em uma transferência unilateral, que passa por um esquema de estímulo e reação. Na linguagem proposicional, a asserção de tipo sim/não assume o lugar desses estímulos e reações. Mesmo no caso de um imperativo, cujo uso deveria supostamente desencadear no interlocutor uma ação análoga a um estímulo, existe, de certo modo, a possibilidade de responder a ele com um "não", e aqui também o "não" se refere, tal como o "sim" implícito na ação, à mesma coisa que para o falante[5]. Ambos compreendem a mesma coisa, e isso pode, particularmente na frase assertória, ser algo que não tem nenhuma relação com a situação de fala.

A isso se conecta uma série de outros aspectos. *Em primeiro lugar*, pode-se tomar posição não apenas com "sim" ou "não", mas também com uma abstenção ou pergunta e, apoiando-se nesta, com uma dúvida ou reflexão. Por conseguinte, *em segundo lugar*, o signo adquire uma função também fora da comunicação – poder-se-ia dizer: para o pensamento do indivíduo. Mas justamente desse modo dá-se algo como o pensamento. (Pode fazer sentido em determinados contextos o fato de que, atualmente, o caráter comunicativo da linguagem humana é enfatizado; no entanto, dessa forma, o estado de coisas é detur-

---

5. Sobre as asserções de tipo sim/não e o contraste com as linguagens de sinais vinculadas à situação, cf., mais pormenorizadamente, *ibid.*, lições 12 e 13.

pado. Comunicativas são as linguagens de todos os outros animais. O peculiar progresso da linguagem proposicional está no fato de ela também ter uma função extracomunicativa.) Em *terceiro lugar*, tanto do ponto de vista prático quanto do teórico, na reflexão a pergunta é: o que fala a favor e o que fala contra o que é dito numa frase? O objeto de tal pergunta são as *razões*[6]. Perguntar por razões é possível devido à estrutura semântica das frases assertórias. A conhecida sentença de Wittgenstein, segundo a qual entendemos uma frase assertória quando sabemos o que acontece quando ela é verdadeira (*Tractatus*, 4.024), pode ser completada do seguinte modo: sabemos disso se também soubermos o que pode ser considerado uma razão a favor dela ou contra ela. O que se aprende com a semântica de uma linguagem não é simplesmente a associação com objetos, e sim as regras de identificação e justificação que estão na base de tal associação. É inerente à estrutura dessa linguagem o fato de os estados de coisas, que são dados na compreensão das frases, serem objeto de uma possível reflexão, de um possível questionamento sobre as razões.

A partir disso, já se podem compreender, em termos gerais, alguns aspectos centrais do comportamento humano. A capacidade de refletir, isto é, de perguntar por razões e razões contrárias (al. *Gründe**, lat. *rationes*, ingl. *reasons*), é o que se chama de *racionalidade* [*Rationalität*]. A reflexão teórica está orientada à pergunta: o que é *verdadeiro*? Já a reflexão prática questiona: o que é *bom* ou melhor? (A reflexão prática ocorre na medida em que as frases práticas elementares – as intencionais – são trans-

---

6. Para entender essas "razões", cf. SCANLON, T. *What We Owe to Each Other* (Harvard, 1998), capítulo 1.

* O acréscimo do termo em alemão é dos tradutores. [N. dos T.]

formadas em frases assertórias com o predicado "bom".) Tratarei da importância que a palavra "bom" adquire na relação consigo mesma no capítulo 3.

À reflexão e à asserção cabe a consciência de ter *opções*, que é o fundamento do que se denomina *liberdade* humana. Tratarei dessa problemática no capítulo 4.

Parece, portanto, pouco plausível ver a "razão" [*Vernunft*] como uma capacidade que os homens simplesmente "têm", já que é tão notório que eles podem e devem perguntar por razões [*Gründen*], *uma vez que* vivem nas estruturas da linguagem proposicional. Também é curioso que no século XX tenha havido correntes filosóficas que estabeleceram a liberdade humana ou a objetificação de si e de seu ambiente como pontos de referência finais da reflexão antropológica (a filosofia da existência e a antropologia filosófica). Até que ponto as características mentais da espécie humana podem ser vistas a partir de *um* fenômeno central é uma questão que, certamente, se deveria deixar em aberto. Todavia, se isso for mesmo possível, esse papel parece convir, antes de tudo, à proposicionalidade da linguagem. Recentemente, Roger Scruton defendeu com fortes argumentos que também a compreensão musical do homem tem de ser entendida a partir de sua estrutura linguística[7]. No capítulo 6, procurarei mostrar como os fenômenos da religião e da mística têm de ser vistos a partir dessa estrutura. É claro que existem fenômenos especificamente humanos – basta pensarmos no sorriso, por exemplo – e que, antes de *aprenderem* uma linguagem, as crianças mostram, entre outras coisas, justamente a *capacidade* de aprender essa linguagem. Contudo, esse exemplo permite compreender que existem, necessariamente, fenômenos que não

---

7. SCRUTON, R. *The Aesthetics of Music*. Oxford, 1997, capítulos 3 e 5.

dependem da linguagem, mas têm uma relação genética com ela.

Atualmente, não se poderia partir de um fenômeno que não fosse vinculável a uma hipótese teórico-evolutiva compreensível[8]. Se o fenômeno da liberdade, por exemplo, não fosse uma consequência do linguístico-racional – salvo o fato de que, nesse caso, já não seria compreensível descritivamente (capítulo 4) –, seria apenas algo negativo e não teria nenhuma função biológica compreensível.

Sobre o modo como as línguas humanas surgiram, nada sabemos. Entre as cerca de 6 mil línguas ainda existentes, não deve haver nenhuma que seja mais primitiva do que as outras. Portanto, não conhecemos nenhuma forma preliminar. Não sabemos, e certamente jamais saberemos, como o abismo entre as linguagens das outras espécies e a linguagem proposicional foi atravessado em um processo de provavelmente centenas de milhares de anos. Porém, se partimos do produto acabado, então seu valor para a sobrevivência parece evidente: como a linguagem proposicional torna a racionalidade possível – a capacidade de perguntar por razões –, essa espécie alcançou um nível cognitivo incomparavelmente mais elevado.

3

Um avanço particularmente importante da linguagem proposicional é o dos termos singulares. Eles permitem que essa linguagem independa da situação, e sem eles seria impossível que falante e ouvinte pensassem a mesma

---

8. Cf. "Nietzsche y la antropología filosófica" (v. p. 8, nota), pp. 207 s.

coisa. Enquanto os signos em outras linguagens podem ser caracterizados como quase-predicados condicionados à situação⁹, com o termo singular, os signos elementares dentro da linguagem proposicional (as orações predicativas singulares) tornam-se uma frase independente da situação. O objeto designado pelo termo singular assume, em certa medida, o lugar da situação¹⁰. Seres humanos já não *reagem*, como os outros animais, a seu meio (e aos signos linguísticos a ele pertencentes), mas se "referem" a objetos individuais, que podemos identificar objetivamente no tempo e no espaço, para exprimir algo sobre eles mediante predicados. Na qualidade de objeto individual, cada objeto é distinguível de todos os demais. Por isso, a referência a ele pressupõe a consciência de um universo, de um mundo de objetos. A isso se conecta o significado do signo de identidade, que constitui a referência (para todos os termos singulares "a", "b", "c" etc., temos de ser capazes de reconhecer se a = b ou não), bem como o sistema uniforme de referência, relativo ao espaço e ao tempo. Não poderíamos nos referir a objetos se também não pudéssemos nos referir a posições espaçotemporais.

Esse sistema de referência se deve à circunstância de que há um estrato básico de termos singulares, as expressões "dêiticas" ou "indexicais", que têm a função de fazer referência à situação e, por fim, ao falante. Os termos singulares não poderiam cumprir sua função de tornar *independente da situação* a referência a posições espaçotemporais e a coisas se não estivessem estruturados sobre expressões que se referem a posições espaçotemporais e a coisas, designando-as justamente *em relação à situação*

---

9. Sobre o conceito de quase-predicado, cf. *Vorlesungen zur Einführung in die sprachanalytische Philosophie, cit.*, lição 12.

10. Cf. *ibid.*, particularmente as lições 21-25.

dos falantes. Nesse caso, surge uma irrelatividade com respeito à situação, pois as expressões dêiticas sempre fazem parte de um sistema de substituição: no dia em que designamos hoje como "amanhã", temos de referir amanhã com "hoje", e ambas as expressões têm de ser substituíveis por outras "objetivamente localizadoras". Tomemos, por exemplo, o dia 03/05/1936. Ele é inserido em um sistema com determinado ponto de coordenadas zero, mas sem valor absoluto. O ponto zero, por sua vez, é identificável para o falante na medida em que está numa relação – em permanente mudança – com o agora e o hoje (ou com o aqui). É em virtude dessa relação recíproca entre expressões dêiticas e expressões objetivamente localizadoras que os falantes de uma linguagem predicativa passam a ter condições de se referir a um universo objetivo de indivíduos. Em outros termos, eles passam a ter condições de se referir a um mundo de posições espaçotemporais e de objetos que, a partir da sempre mutável situação dos falantes, pode ser retomado como se não dependesse da situação dos falantes[11]. Por fim, a referência a um nome próprio só é compreensível quando se recorre ao sistema de substituição descrito. Logo, só se pode referir a algo *individual* referindo-se, ao mesmo tempo, a um *mundo*.

A referência a objetos individuais, que existem independentemente da situação, certamente ocorre para que os falantes possam se entender dentro de uma comunidade. Uma comunidade só consegue se entender dentro do mundo de objetos *ao qual* se refere porque pensa (ou nega etc.) a mesma coisa que diz sobre esses objetos. A própria comunidade de falantes é parte do universo de

---

11. Cf. *Vorlesungen zur Einführung in die sprachanalytische Philosophie*, cit., lições 25 e 26.

objetos (as pessoas também são objetos nesse sentido amplo). Pode-se imaginar tanto o universo dos objetos quanto a subclasse dos falantes como maior ou menor. Digo isso apenas a título de ilustração. A comunidade de falantes poderia ser uma família, e o universo de objetos, um quarto. Os membros da família podem identificar e distinguir os objetos desse quarto, formando, eles próprios, um conjunto parcial desses objetos. Portanto, também devem ser capazes de identificar-se e distinguir-se reciprocamente. Como ponto espacial zero das coordenadas, poderia servir um canto do quarto. E, então, pode-se imaginar esse miniuniverso sem os seus limites e falar de quaisquer objetos no tempo e no espaço. Do mesmo modo, a comunidade de falantes pode ser ampliada: não mais só a família, mas todos com os quais é possível entender-se sobre alguma coisa.

Portanto, o que descrevo pode ser ilustrado com base no exemplo da família no quarto. Em se tratando de todos os falantes e objetos concebíveis, as estruturas que se produzem nesse caso permanecem as mesmas. Obviamente, os falantes só podem se entender sobre algo objetivamente individual quando podem identificá-lo reciprocamente. Por exemplo, A só entende qual objeto B identifica com "este besouro" quando consegue identificar B. Como ocorre, então, essa identificação recíproca entre os falantes?

A só pode identificar B se souber qual das diferentes pessoas está falando. Do mesmo modo que B só pode falar desse besouro como sendo aquele ao qual aponta, A só pode saber qual besouro é apontado se identificar B como tal (em determinado lugar). Por conseguinte, o falante só compreende o sistema de identificação como um todo se também consegue referir-se a si mesmo. Em vários casos, ele se refere a si mesmo de modo análogo como outro falante se refere a ele, por exemplo, apontando o dedo para seu peito e dizendo "esta pessoa". Mas como o falante sabe que este peito é seu e não o de outro? O que significa "seu próprio"? Todo emprego do termo "este" contém uma referência retroativa à intenção do falante, pois remete a um objeto em seu ambiente. Isso vale tanto para o caso em que o falante é outra pessoa quanto para o caso em que ele sou eu. Portanto, quando B diz "este besouro", A saberá a qual besouro B se refere se conseguir identificar B, mas não poderá referir-se a si próprio como a algo que poderia apontar em seu ambiente (como a seu peito). O falante não é algo em seu ambiente. Em minha opinião, é fácil entender que: 1) se para uma comunidade de falantes, isto é, para cada um deles, for dado um universo objetivo, constituído de objetos individuais e espaçotemporais; 2) se isso, como foi mostrado, só for possível na medida em que o falante se referir a esses objetos no âmbito daquela relação espaçotemporal que tais objetos têm *com ele*; e 3) se ele mesmo for um objeto espaçotemporal, então, necessariamente, conseguirá referir-se a si próprio sem precisar dizer "isto", pois, dessa maneira, só poderia se referir a algo demonstrável em *seu* ambiente. Como é possível, então, que se refira a si próprio? Na medida em que diz "eu". Com o termo "eu", ele se refere a si mesmo não "a partir de fora" (em seu campo de percepção), como o faz com "isto", e sim "a partir de dentro". Mas o que isso significa?

4

Que regra existe para o emprego do "eu"? Uma criança aprende a usar "eu" quando entende que todo falante, ao dizer "eu", refere-se a *si próprio*. Inversamente, o que também sempre é possível, quando um falante não quer designar-se como aquele fulano de tal, identificável a partir de fora (por exemplo, como alguém com determinado nome ou como quem agora aponta para si mesmo), mas simplesmente refere-se a si próprio, então tem de empregar "eu" A dificuldade para uma criança reside em aprender a diferença entre o emprego de "eu" e de nomes próprios. Cada um em sua família, assim como ela mesma, possui um nome, que pode ser usado para fazer referência a qualquer outro. Isso significa que cada um, quando se refere a si mesmo usando o nome, o faz do modo como todos podem referir-se a ele, ou seja, a partir de fora. Nomes próprios remetem a expressões dêiticas e localizadoras (ver, pp. 15-6). Mas o que significa referir-se a si mesmo?

Vale a pena diferenciar aqui as diversas classes de predicados, que suplementam os termos singulares para compor frases inteiras. As classes de predicados podem distinguir-se pelo modo como o objeto se apresenta e que permite *reconhecer* se o predicado lhe convém ou não. Assim, antes de tudo, há predicados que são percebidos como pertinentes ou não a um objeto. Por exemplo, decidimos se Pedro é ruivo quando ele nos é apresentado de tal modo que podemos dizer: *esta* pessoa (um objeto em nosso campo de percepção). Por outro lado, não se pode estabelecer pela percepção se a Pedro cabe determinado predicado que lhe caberia com base em relações causais ou convencionais. Não se pode decidir pela percepção dessa pessoa se Pedro é pai de Jorge ou se é o presidente da sociedade. Portanto, podem-se distinguir diferentes "perspectivas" sob as quais um predicado é pertinente a um objeto. Tendo-se constatado, sob a perspectiva apropriada, que Pedro é o presidente, *então* é claro que também se pode atribuir esse predicado ao objeto quando se emprega um termo singular que não pertença a tal perspectiva ("esta pessoa é o presidente"), já que todos os predicados que cabem a um objeto são pertinentes a ele, independentemente do termo singular que se empregue. No entanto, além dos predicados de percepção e daqueles que são pertinentes a um objeto com base em relações causais ou convencionais, há uma terceira classe de predicados, para a qual não vale nem uma coisa nem outra. Trata-se de predicados que representam estados de consciência, estados do próprio corpo e ações, contanto que a pessoa a que se referem tenha consciência deles. Esses predicados podem, de maneira um tanto equivocada, ser designados como internos. Para eles, vale uma assimetria peculiar entre o modo como a própria pessoa à qual se referem constata sua pertinência e como outras pessoas a constatam. Outras pessoas reconhecem o estado "interno" de uma pessoa por seu comportamento. Embora a observação não permita constatar esses predicados a partir de fora, é com base nela que são percebidos. Em contrapartida, em relação à pessoa a que se referem, eles são constatados não por observação, mas imediatamente. O que significa esse "imediatamente"?

Na tradição clássico-moderna de Descartes a Husserl, a resposta a essa questão levava a pensar que cada um percebia internamente que estava em tal estado (havia, portanto, uma limitação a estados mentais). Contudo, nesse meio-tempo, prevaleceu a opinião de que essa era uma falsa interpretação. Em primeiro lugar, do ponto de vista fenomenológico, tal concepção seria falsa: uma percepção interna como essa não pode ser constatada. Em segundo lugar, ela jamais poderia ser constatada a partir de fora. E, em terceiro, levaria a um mau regresso. Pode-se esclarecer isso do seguinte modo: quando digo "diante de mim há uma árvore" e recebo como pergunta: "Como você sabe disso?", respondo: "Porque a vejo; portanto, a observo". Também podem me perguntar: "Como você sabe que a vê?" Supondo-se que eu respondesse: "Porque vejo interiormente que a vejo", isso redundaria em outra pergunta: "E como você sabe que a vê interiormente?" etc. A resposta correta parece, antes, ser a seguinte: se me encontro num estado interior, então também sei que me encontro nesse estado. Do ponto de vista linguístico, a questão pode ser elucidada da seguinte maneira: aprendemos a formular a proposição correspondente quando estamos nesse estado (e não quando percebemos que estamos nesse estado)[12].

Ao mesmo tempo que sei *diretamente* que uma árvore está diante de mim porque a percebo – eu também poderia sabê-lo indiretamente, por exemplo, vendando os olhos e o sabendo por intermédio de outra pessoa –, sei que percebo a árvore, ou que tenho dores de cabeça, ou que tenho a intenção de ir ao correio, ou que vou ao correio, não diretamente (por observação), mas "imediatamente". Se posso exprimir que me encontro em determinado estado, então estou nele e sei que nele estou.

Nesse caso, é importante que o saber imediato de meus estados e o emprego do termo singular com o qual me refiro a mim mesmo – o "eu" – evidentemente andam juntos. Do mesmo modo como se pode dizer que as propriedades diretamente perceptíveis são aquelas que cabem a um objeto a partir da perspectiva do "este", naturalmente também se pode dizer que as propriedades que não são conhecidas, mediante observação, por aquele que as tem passam a ser conhecidas a partir da pers-

---

12. Cf. SHOEMAKER, S. *Self-Knowledge and Self-Identity.* Cornell, 1963, capítulo 6, particularmente § 7.

pectiva do "eu"[13]. Uma criança, por certo, já pode aplicar a si mesma os predicados correspondentes, embora talvez não tenha aprendido ainda a usar o "eu". Gerti diz, por exemplo: "A Gerti quer chocolate." Ainda não é capaz de dizer: "Eu quero chocolate." Nesse caso, faz sentido dizer que a criança já tem o conceito de "eu", pois emprega predicados a partir da perspectiva do "eu" – ou seja, predicados que ela atribui a partir dessa perspectiva, e não a partir da perspectiva do "este"–, embora ela ainda não seja capaz de empregar a palavra "eu".

Como Strawson mostrou em *Individuals* (pp. 87 ss.)[14], é importante notar que os predicados imediatamente conhecidos pelo próprio sujeito também possuem um sujeito *ao qual* são pertinentes, e que este é o mesmo sujeito corporal ao qual outros sujeitos podem atribuir predicados a partir de fora. Essa pessoa, reconhecida por outras como alguém que sente dores, é obviamente a mesma

---

13. O discurso a partir da perspectiva do "eu" também pode ser entendido de outro modo, quando se entende como parte do arquivo do "eu" (*I-file*, como diz Perry) tudo o que uma pessoa acha que lhe diz respeito. Assim são pensadas não somente as determinações que cada um conhece de si mesmo, de modo diverso do que os outros conhecem dele, mas também todas as determinações que alguém pensa que lhe cabem. Quando se entende a perspectiva do "eu" desse modo, então, naturalmente, já não está excluída a possibilidade de a pessoa identificar equivocadamente o sujeito dessas predicações. Esse segundo conceito de uma perspectiva do "eu" é importante porque opiniões sobre si mesmo só são eficientes do ponto de vista da ação quando pertencem a seus próprios arquivos do "eu". Dentro do arquivo do "eu" de uma pessoa, aquilo que se sabe a partir da perspectiva do "eu", no sentido que lhe dei, forma um excelente subcampo, sem o qual não se poderia absolutamente chegar à representação de "mim mesmo". Cf. PERRY, J. *The Problem of the Essential Indexical*. Oxford, 1993, e do mesmo autor "Myself and I", in: STAMM, M. (org.). *Philosophie in synthetischer Absicht*. Stuttgart, 1998, pp. 83-103, particularmente as pp. 94-6 e 100-2.

14. STRAWSON, P. F. *Individuals*. Londres, 1959.

que conhece as dores imediata e pessoalmente. Portanto, embora as dores sejam conhecidas diferentemente pela própria pessoa e pelos outros, o predicado é o *mesmo* (segundo Strawson, não aprendemos palavras diferentes para constatar dores a partir de dentro ou de fora). O fato de tal predicado ser pertinente a esse corpo fica ainda mais claro nas ações. Se alguém diz: "Levanto o braço", então, obviamente, essa pessoa é quem levanta o braço. E isso é dito pela pessoa que assim age não com base em observação. Gareth Evans mostrou que a mesma diferença vale para muitos predicados corporais, como "estou sentado", "sinto frio" etc.[15]

Portanto, como se deve entender a função referencial "eu"? A resposta a essa pergunta é praticamente um patrimônio comum na literatura filosófica moderna[16]: (1) com a palavra "eu", não é referido algo em mim, chamado de "eu", mas com ela o falante refere-se a si mesmo. Os predicados internos cabem a ele, e não a um eu. (2) A palavra "eu" *refere-se* ao falante, ou seja, remete a essa pessoa, mas não o *identifica*. Todas as outras expressões dêiticas, como, em geral, todos os outros termos singulares, referem *identificando*, isto é, indicam de modo direto ou indireto como o objeto individual em que se pensou pode ser localizado e diferenciado de todos os outros. Na medida em que, por exemplo, digo "este besouro", identifico um besouro como aquele que estou mostrando; se digo "amanhã", identifico um dia determinado como o que vem depois do dia de hoje, que, por sua vez, identifico como aquele no qual estamos falando ou no qual estou falando. Mas eu mesmo sou quem fala. Assim, em

---

15. EVANS, G. *The Varieties of Reference*. Oxford, 1982, capítulo 6.
16. Cf. FRANK, M. (org.). *Analytische Theorien des Selbstbewußtseins*. Frankfurt/Main, 1994.

primeiro lugar, não me identifico para os outros, pois, ainda que às vezes o façamos, essa identificação tem simplesmente o mesmo valor de estender a mão (quem ao telefone diz: "Sou eu" talvez se identifique, não pela palavra "eu" e sim pelo timbre de sua voz). Em segundo lugar, não posso usar o termo "eu" para identificar a mim mesmo, pois só posso identificar algo quando lhe atribuo uma posição relativamente a mim. O mesmo se pode dizer em relação a meu corpo, ao qual, por sua vez, cabe uma posição no sistema geral e comum de coordenadas. Por isso, naquelas frases que contêm o termo "eu" e em que declaro apenas predicados internos a meu respeito, não posso identificar-me erroneamente. Não porque eu necessariamente me identifique de modo correto com "eu", e sim porque não me identifico absolutamente com "eu".

5

Contudo, no contexto de minha interrogação, o outro lado da situação é o mais importante: não obstante, com o uso do "eu" faz-se uma *referência*. Quando me atribuo predicados, faço-o como uma pessoa que se distingue de todos os outros objetos e especialmente também de todas as outras pessoas. A palavra "eu", por si só, não diz que indivíduo sou, visto que ela não tem uma função identificadora, mas nela está implícito que sou um indivíduo diferente de todos os outros dentro de um universo objetivo, e isso significa que tudo o que declaro a meu respeito – particularmente também tudo o que declaro sobre mim na perspectiva do "eu" –, é-me atribuído como um indivíduo à diferença de todo o resto. Na medida em que não apenas possuo minhas opiniões, meus desejos, minhas intenções e meus sentimentos, mas também os declaro como meus predicados, na qualidade desse indivíduo, eu as *objetifico*.

Nessa ação de declarar, verifica-se a passagem da consciência pré-proposicional à consciência do "eu". Autoconsciência não é um ato interno de reflexão sobre um chamado Eu, mas ocorre quando atribuo, mediante predicados, meus estados conscientes – meus sentimentos, minhas intenções etc. – a mim e, com isso, a uma pessoa que, dentro do universo real e objetivo de objetos distinguíveis, é *uma entre todas*. Na tradição clássico-moderna, a autoconsciência apareceu como consciência de si em oposição a consciência de objetos. No entanto, do modo como é apresentada aqui, por "simples consciência" não se entende a consciência dos objetos, e sim o fenômeno pré-linguístico de que existem estados mentais que possuem somente a propriedade da consciência, que, por sua vez, ainda não é nenhuma consciência de alguma coisa. Com a linguagem predicativa, surge *no um* uma consciência de *outros* objetos e de *si* como um objeto entre outros, ambos no contexto da consciência de um *mundo* objetivo, em que tanto eu como as outras pessoas temos respectivamente uma posição. Um falante da linguagem proposicional não poderia ter nenhuma consciência de si se não tivesse uma consciência de tudo – de um mundo objetivo –, do mesmo modo como não poderia ter nenhuma consciência de um mundo objetivo se não pudesse fazer referência a si mesmo.

Já que ninguém pode dizer "eu" só para si – entender essa palavra significa entender que *todo o mundo*, quando diz "eu", refere-se a si próprio (ver pp. 18-9) –, tão logo eu possa dizer "eu" a mim, uma multiplicidade de outros que dizem "eu" torna-se uma realidade para mim. Assim se constitui para mim não só um universo objetivo de seres independentes, do qual sou parte, mas dentro desse universo também se constitui outro universo parcial de pessoas que dizem "eu" e se percebem reciprocamente de modo independente, cada uma com seus próprios sentimentos, desejos, suas próprias opiniões etc. Para alguém que diz "eu", o autocentramento rudimentar, que pertence, sobretudo, à consciência (ver, pp. 3-4), transforma-se numa ego-centricidade: agora temos não apenas sentimentos, desejos etc., mas também os reconhecemos como nossos próprios desejos.

Por um lado, os que dizem "eu" consideram a si mesmos – bem como seus sentimentos, suas intenções etc., que agora reconhecem como seus – absolutamente importantes; por outro, eles se reconhecem como partes de um universo de seres independentes, que não são menos reais do que eles e, nesse sentido, podem questionar sua importância. Porém, com a palavra "importante", antecipei-me ao próximo capítulo.

CAPÍTULO 2
"BOM" E "IMPORTANTE"

É claro que não se pode compreender o fenômeno da egocentricidade humana apenas a partir do problema da referência. Nele, porém, se mostram dois aspectos que permanecerão importantes para tudo o que está por vir até a mística. Primeiro, que o ser consciente se objetiva ao dizer "eu". Segundo, na medida em que com essa auto-objetivação se produz uma consciência de outros objetos e sujeitos, o indivíduo, por um lado, se vê e se sente como centro do mundo, mas, por outro, por perceber o mundo como um mundo de centros, também tem a possibilidade de abrir mão de sua consciência de ser *o* centro. Já no caso da "egocentricidade" rudimentar dos outros animais, não se pode dizer que eles tenham uma consciência de si mesmos como centro e menos ainda que tenham uma consciência de outros centros. Todo indivíduo que diz "eu" parece considerar-se absolutamente importante, porém, de modo mais ou menos explícito, tem uma consciência de que os outros também se consideram importantes e de que ele está em um mundo no qual também ele próprio considera outras coisas importantes e, finalmente, de que, em relação ao mundo, ele se pode ver como mais ou menos desimportante.

Com isso, acabei por me antecipar. É preciso, antes, que fique claro como os homens, na medida em que podem dizer "eu", chegam a se considerar importantes. É evidente que isso ocorre mediante uma transformação da autocentralidade rudimentar da consciência animal, cuja base, como se verá, também está na estrutura da linguagem proposicional. O fenômeno que deve ser esclarecido é aquele do qual Heidegger pensava que se poderia simplesmente partir como um dado primário, a saber, que os homens *se preocupam consigo mesmos*[1]. Naturalmente, durante a análise, teremos de voltar a uma proposição como essa.

Como primeiro passo, podemos nos remeter à consciência do tempo e do futuro que os homens têm, à diferença dos outros animais[2]. Ter uma consciência do tempo é um fenômeno que está implicado naquele da possibilidade de referir. Por sua vez, uma das condições para uma consciência do tempo é poder contar, condição que tem em sua base a capacidade de usar termos singulares. Desse modo, parece mero aditamento do que foi exposto no capítulo 1 mencionar que os que dizem "eu" sentem os objetos a que podem se referir e a si mesmos como dilatados no tempo, e que, a partir disso, também podem se referir a seu próprio futuro.

Já Aristóteles havia chamado a atenção para o fato de que o querer dos homens se diferencia do mero querer "sensorial" dos outros animais porque os homens têm uma consciência do tempo, podendo, assim, referir-se a

---

1. Heidegger, M. *Sein und Zeit* (1927), §§ 4 e 41 s.
2. Heidegger achava que a consciência do tempo tinha sua origem na preocupação (*op. cit.*, § 65). Para a crítica, cf. meus ensaios nº 1 e nº 10 em *Aufsätze 1992-2000*.

seu próprio futuro³. Esse é, por certo, um fator essencial, mas não único. Para que possamos entendê-lo com clareza, basta imaginarmos o seguinte: mesmo sabendo que no futuro viveriam outras fases, naquilo que fazem ou desejam fazer, os que dizem "eu" estariam relacionados apenas à situação. Uma condição necessária para um ser falar de preocupação é que seu querer possa ser entendido não apenas relativamente à situação, mas também possa referir-se conscientemente a objetivos (e, em especial, àqueles que não são perceptíveis na situação). Isso, por sua vez, parece ser possível apenas a um querer que tenha como objeto algo que considere bom.

1

É preciso, pois, esclarecer primeiramente o que significa orientar-se volitivamente para algo bom⁴. Na relação dos que dizem "eu" consigo mesmos, as palavras "bom" e "importante" ganham um significado tão essencial quanto a palavra "eu". Os esclarecimentos que darei neste capítulo à palavra "bom" representam apenas um primeiro passo e serão continuados no capítulo 4.

Hobbes pensava poder definir a palavra "bom" como um simples representante daquilo que alguém quer em determinado momento⁵. O louvável numa definição como essa é que, de fato, deve-se evitar falar do bom como algo independente de um querer preestabelecido, como se houvesse valores em e para si mesmos. Com efeito, é preciso definir o "bom" subjetivamente e em relação ao querer.

---

3. *De Anima* III, 10, 433b5-10.
4. Mais uma última observação nesse contexto relacionado a Heidegger: em sua obra, não aparece a palavra "bom" (ou algum equivalente).
5. Cf. Th. Hobbes, *Leviathan*, capítulo 6.

Contudo, como argumenta Aristóteles, não se pode deixar de diferenciar dois modos de querer: o sensorial e o deliberativo (em que há reflexão). Segundo ele, o comportamento dos outros animais é determinado apenas pelo querer sensorial. O que eles desejam é imediatamente motivado pela sensação que têm na situação de ação: prazer ou dor. Nos homens, ao contrário, tão logo possam usar proposições práticas, também ocorre este segundo modo de motivação: o indivíduo age de certa maneira, embora não seja determinado por uma sensação; ele se propõe fazer alguma coisa porque tem um *propósito*. Além disso, pode *refletir* sobre o que se propõe fazer e, ao refletir sobre um propósito, pergunta a si mesmo se ele é bom ou se é melhor do que as alternativas. O bom/melhor é, pois, *grosso modo*, o objeto formal de uma reflexão prática. Tal querer, que se encontra no âmbito da reflexão, não se deixa determinar pela sensação – de prazer/dor (agradável/desagradável) –, e sim por uma ideia: a de que assim é bom ou melhor. Pode-se, naturalmente, falar agora de uma sensação que determina a ação, mas essa sensação é a que se tem quando se acha que algo é melhor.

A título de esclarecimento, eu gostaria de acrescentar o seguinte: *em primeiro lugar*, é significativo que "bom", à diferença de "agradável", se apresente desde o princípio em termos comparativos e seja referido a um superlativo ("melhor", "o melhor"). A razão disso é que, na reflexão prática, sempre se está diante de uma escolha, em um espaço entre várias possibilidades, sobre as quais cabe perguntar qual a melhor alternativa. *Em segundo*, é claro que também se pode dizer que, normalmente, o que os outros animais fazem é bom para eles, mas, nesse caso, isso é apenas um fato a ser constatado pelo observador. Na consciência dos animais não há nenhuma referência ao bom, apenas a uma sensação (pelo menos é assim que imaginamos). *Em terceiro lugar*, quando refletimos, perguntamo-nos sempre por razões. Por isso, pode-se definir o bom (ou, para sermos mais corretos: o melhor) como aquilo que tem alguma razão para ser preferido[6]. Desse modo, o que é considerado bom ou melhor por quem diz "eu" não é definitivamente estabelecido para ele. Por conseguinte, ao bom (ao contrário do que pensava Hobbes) cabe um componente inevitavelmente objetivo. (Desconsidero aqui os significados de "bom" em contextos como o da avaliação estética, em que ele não é objeto de uma ação.)[7] *Em quarto lugar*, à pergunta sobre o que, afinal, é preferido com base em razões de conteúdo não se pode dar uma resposta genérica (cf. a respeito o capítulo 4). Não obstante, uma primeira resposta é a seguinte: quem diz "eu" prefere o que é proveitoso, o chamado prudencialmente bom, e isso também inclui, por certo, seu bem-estar futuro. Eis a razão para o contraste entre o que é agradável no presente e o que é bom em relação ao futuro ("seria mais agradável ficar agora na cama, mas é melhor levantar"). *Em quinto*, com o auxílio de exemplos como esse, pode-se esclarecer que o discurso sobre um querer deliberativo não deve dar a entender que o que diz "eu", quando assim o quer, de fato reflete, mas apenas que ele pode refletir. A aspiração ao bom implica a *possibilidade* de refletir se o desejado é bom/melhor, ou seja, implica perguntar por razões. Do mesmo modo, em determinado propósito, a palavra "bom" não precisa ocorrer explicitamente.

Em meu contexto, o mais importante é ver que o querer dos que dizem "eu" só se torna independente da situa-

---

6. Cf. minha obra *Vorlesungen über Ethik* (Frankfurt/Main, 1993), pp. 50 s.

7. Para o conceito genérico de "bom", cf. nota da p. 69.

ção na medida em que eles podem ser motivados a agir por algo que consideram bom. E também é possível dizer que, podendo referir-se ao bom em uma ação, eles alcançam aquilo que, para a independência da situação na linguagem, é realizado, de modo geral, pelos termos singulares. Ambos – os termos singulares e a referência ao bom (quando alguém se propõe fazer alguma coisa ou quando reflete sobre alguma coisa) – pertencem à estrutura da linguagem proposicional. (No capítulo 3, tratarei da estreita relação entre o uso prático dos termos "eu" e "bom".)

2

Naturalmente, dos casos em que falamos do "bom" e da reflexão sobre o que seria melhor, o pensamento instrumental é o mais simples. Tem-se um propósito, um objetivo [*Zweck* (um fim)], e reflete-se como – com que meios – ele pode ser realizado da melhor maneira. Para esclarecer por que as pessoas se preocupam com a própria vida, é de grande auxílio imaginar essa preocupação como um processo gradual, como, de fato, é o caso quando se trata de crianças. Uma criança não começa sua vida preocupando-se com ela. De início, à semelhança dos animais de outras espécies, seus afetos e intenções ainda estão relacionados à situação. Mas logo ela aprende, por exemplo, a construir alguma coisa: ela reconhece que pode tomá-la como objetivo e refletir sobre os meios para realizá-la. No pensamento instrumental, a perspectiva do bom está presente em dois sentidos: primeiro, é preciso refletir sobre qual o melhor caminho para alcançar esse objetivo; segundo, é preciso considerar o objetivo (*Ziel*) algo bom, não porque ele motive sensorialmente, mas porque se quer alcançá-lo.

No início, a criança faz isso ludicamente. Mas logo esse pensamento se amplia, afetando o modo de seus estados futuros, sua vida. Por conseguinte, quem diz "eu" não apenas se propõe objetivos, mas também vê seu futuro como algo dado de antemão e ao qual ele *tem de* se referir levando algum objetivo em conta. Sua vida torna-se para ele um "objetivo derradeiro" [*Endzweck* (fim último)]. Ele tem de se preocupar com ela. Para um ser capaz de refletir, esse "ter de" é biológico. O indivíduo adulto que diz "eu" precisa refletir sobre o que tem de fazer em vista desse objetivo preestabelecido, isto é, o que é melhor *para ele* fazer. Contudo, como esse objetivo é dado de modo indeterminado, isso implica não apenas perguntar pelos meios, mas também que o modo de vida torna-se objeto da reflexão. Neste último caso, trata-se não apenas do modo de sobrevivência, mas também de como se pretende despender o próprio tempo de vida. Tão logo o indivíduo se veja confrontado, em sua reflexão, com sua própria sobrevivência, a vida se lhe apresenta em um espaço livre para a ação, e ele passa a se perguntar: qual a melhor maneira de conduzi-la? Aristóteles exprimiu essa ideia da seguinte maneira: os outros animais fazem o que fazem – não de maneira consciente, e sim fática – pelo desejo de viver; já para os homens, que se referem de maneira consciente à própria vida como a algo bom, o objetivo não é simplesmente sobreviver, e sim viver bem, independentemente do que isso signifique.

No entanto, tal como foi descrita, a preocupação com o próprio bem-estar se mostra demasiado global e uniforme. Os homens se confrontam não apenas com o questionamento sobre *o* bem-estar de sua vida. A passagem do agir lúdico ou mesmo sério, mas eventualmente instrumental, para a preocupação com a vida completa-se de modo multifacetado e fragmentado. Em primeiro lugar, a construção de uma torre e tantas outras coisas que as crianças e, mais tarde, os adultos são capazes de fazer já são ações que podem tornar-se um objetivo em si. Em segundo, a preocupação se refere a todas as fases da própria vida. Em terceiro, o indivíduo está no mesmo mundo que outros que dizem "eu", cujo bem-estar pode lhe parecer mais ou menos importante ou até se tornar tão importante para ele quanto o seu próprio (eventualmente, até mais importante). Afinal, também é possível fazer do bem-estar dos outros um objetivo derradeiro. E, em quarto lugar, existem as atividades, os assuntos e os objetivos comuns. No entanto, por enquanto menciono essas complicações adicionais apenas de passagem (considerarei esses aspectos somente a partir da p. 92).

Faço a seguinte distinção entre "objetivo em si mesmo" [*Selbszweck* (fim em si mesmo)] e "objetivo derradeiro": o discurso sobre um objetivo em si mesmo diz respeito a um *fazer*. Faz-se algo como um objetivo em si mesmo quando se tem em vista os próprios interesses, e não como meio para outra coisa, por exemplo, passear ou assistir a uma partida de futebol. Já o discurso sobre o objetivo derradeiro refere-se a *alguma coisa*, a um ser. O indivíduo se refere a alguma coisa como a um objetivo derradeiro quando está preocupado com seu ser e seu bem-estar. É desse modo que normalmente eu me refiro à minha própria vida, mas assim também posso me referir à vida de outras pessoas (ou outros animais), bem como à existência de uma coisa (por exemplo, uma obra de arte) ou de um ser mais complexo (por exemplo, um Estado – a "pátria" –, a humanidade, a sobrevivência de uma espécie).

Quando, pois, o pensamento instrumental já não consiste em perseguir objetivos individuais, mas a própria vida se torna objetivo e objetivo derradeiro, o indivíduo não deve imaginar que está relacionado de maneira uniforme e, por assim dizer, maciça "à" vida boa, e sim que existe uma multiplicidade de objetivos em si e objetivos derradeiros que, juntos, determinam o que ele considera "bom para si" e do que depende seu "bem-estar". A multiplicidade de coisas que dizem respeito ao indivíduo, por um lado, e o fato de ele se referir de maneira uniforme a si mesmo – à própria vida –, por outro, configuram um problema que só tratarei no capítulo 5.

Quanto aos vários objetivos (ou males) que causam preocupação, não se pode fazer nada para colocá-los em prática (ou, no caso dos males, para evitá-los). Sua realização depende da sorte. Por isso, é melhor falar de uma multiplicidade de desejos do que de objetivos. Também no que tange aos objetivos realizáveis, o êxito depende, pelo menos em parte, da sorte. O ponto de vista da sorte (no sentido do termo inglês *luck*) surge ao mesmo tempo que aquele do objetivo. Apenas para os seres relacionados a objetivos e com capacidade de planejamento a sorte se mostra como aquilo que eles precisam para realizar seus objetivos, mas que não são capazes de fazer ou planejar por si mesmos. Por isso, a tensão entre sorte e azar tem um significado especial para os seres relacionados ao bom. (Voltarei a esse tema no capítulo 6, em que também tratarei da religião.)

Essa também é a razão por que a palavra "preocupação" é adequada. Pois, na preocupação de que eu e aqueles que me são importantes estejamos bem, residem duas coisas: por um lado, o motivo de fazer o que eu puder para realizar um objetivo; por outro, a tensão entre a angústia e a esperança de que terei sorte ou não. O modo como seres reflexivos se comportam em relação à vida que têm pela frente é caracterizado por esse binômio.

3

Chama-se de altruísta uma ação cujo objetivo derradeiro não é o próprio bem-estar, mas o de outrem. Nesse caso, existem dois possíveis equívocos. Um é negar o altruísmo ou considerá-lo incompreensível; o outro é misturar dois conceitos de altruísmo que deveriam se manter separados.

Com respeito ao primeiro, alguns acham curioso que exista algo como o altruísmo. Mas é fácil entender que uma espécie na qual um egoísmo explícito resulta de um querer deliberativo não poderia absolutamente sobreviver se, ao mesmo tempo, o altruísmo não fosse possível. Sem o comportamento altruísta dos pais, por exemplo, as crianças dessa espécie não poderiam se desenvolver. Instintos fundamentais como os de se manter vivo ou de amar os próprios filhos se conservaram nos homens, mas hoje eles se apresentam remodelados pela estrutura do querer deliberativo, calcado na proposicionalidade. Por conseguinte, agora os homens também podem decidir, por exemplo, interromper a própria vida. Do mesmo modo, o comportamento em favor de outros, tanto quanto o comportamento em favor de si mesmo, só é possível como uma preocupação teleológica com o bem-estar dos envolvidos. Os que dizem "eu" são, por assim dizer, duplamente condenados: tanto o que fazem em favor de seu próprio bem-estar quanto o que fazem em favor do bem-estar alheio têm de ser explicitamente desejado, isto é, têm de levar uma finalidade em conta, pois se trata de dois objetivos que seguem por direções opostas. Portanto, cabe a quem diz "eu" decidir até que ponto irá se comportar de maneira egoísta e até que ponto e com quem se mostrará altruísta. Egoísmo e altruísmo surgem, pois, "ao mesmo tempo". Tão logo os seres se tornem egoístas –

isso acontece quando o comportamento teleológico passa a fazer parte deles –, também se tornam potencialmente altruístas.

O segundo equívoco resulta do uso recente que se tem feito na biologia da palavra "altruísmo". Segundo esse uso, todo comportamento de um indivíduo, não importa de que espécie, é chamado de altruísta quando acarreta consequências que não beneficiam a ele, e sim outros indivíduos. Esse é um problema importante, mas o uso ambíguo da linguagem pode (mas não tem de) nos levar a ignorar o fato de que os animais não deliberativos, no sentido usual da palavra, não podem ser altruístas, porque o altruísmo é uma forma de ação teleológica intencional. Enquanto nos animais não deliberativos está instintivamente preestabelecido como e em que medida eles vão se comportar "altruisticamente", nos que dizem "eu" está no espaço de liberdade que caracteriza toda ação deliberativa até que ponto eles tomarão como objetivo seu próprio bem-estar ou o bem-estar alheio.

Nietzsche tem um aforismo (*Humano, demasiado humano*, § 57) segundo o qual, quando um homem se sacrifica por outro ou por uma coisa, não se poderia dizer que isso seria uma ação altruísta, pois ele estaria satisfazendo uma inclinação e esse sacrifício seria *seu* objetivo. O erro nesse raciocínio está justamente em entender como altruísmo o fato de alguém tomar como *seu* objetivo o bem-estar alheio. Poder-se-ia objetar em contrário: quando alguém se preocupa com o bem-estar alheio (ou de uma coisa), não estaria fazendo disso seu próprio bem-estar? Como se poderia, então, fazer justiça ao que é dito nestes e nos argumentos anteriores, sem negar que faz sentido diferenciar no próprio querer entre o bem-estar próprio e o alheio? Simplesmente diferenciando dois conceitos de bem-estar próprio: uma ação será egoísta na medida em que for dirigida ao próprio bem-estar e contanto que nela não apareçam os componentes que dependem do bem-estar alheio. Isso pode soar artificial, mas é o bastante para evitar a confusão conceitual que resultaria dos dois argumentos.

Porém, o que aqui me interessa é que agora posso distinguir entre egoísmo e egocentricidade. A estrutura da egocentricidade também se mantém para aquele que se preocupa não somente com seu próprio bem-estar, pois ele faz do bem-estar alheio o *seu* objetivo. Ao se tornar um objetivo derradeiro para ele, o bem-estar alheio passa a fazer parte do que lhe é importante, com todos os efeitos colaterais afetivos, como preocupação, compromisso, medo, esperança etc. Por isso, existem dois modos de tomar distância de si e dar menos importância a si mesmo: em primeiro lugar, considerar seu próprio bem-estar menos importante do que o alheio; em segundo, dar menos importância, de modo geral, a seu envolvimento egocêntrico e afetivo. A exortação a se considerar menos importante pode ser entendida tanto no primeiro como no segundo sentido, e é, sobretudo, o último que vai importar para a mística. Se entendermos a frase "não se considere tão importante" no primeiro sentido, então ela significará: "Não dê mais valor às suas preocupações egoístas do que às altruístas." Mas ela também poderá ser compreendida no segundo sentido, ou seja, como um pedido para a pessoa reprimir todas as suas preocupações e afetos, mesmo os altruístas. Nesse caso, a pessoa é interpelada não em seu egoísmo, mas em sua egocentricidade. A dimensão experimentada pelo indivíduo na autorreferência contida em toda egocentricidade pode variar para mais ou para menos, e isso também depende de sua própria liberdade. O indivíduo pode relacionar-se *com* sua egocentricidade e dar menos importância ao fato de considerar-se importante.

Como conceber isso? O que pode motivar alguém a deixar de considerar-se importante? Poderíamos nos perguntar se não seria um exagero alguém se considerar tão importante, como se só existissem ele e suas preocupações (egoístas e altruístas) no mundo. O contraste agora não está no fato de que também se podem considerar os outros importantes (assimilá-los em suas próprias preocupações), e sim no de que o indivíduo se encontra em um universo de centros, do qual falei no início do capítulo. Já não se trata de ampliar o círculo das próprias preocupações, e sim de tomar consciência de quão pequeno ele é, independentemente de quanto for ampliado.

Pode-se falar em três modos de tomar distância de si [recuando em um passo]* que são característicos dos seres deliberativos. O primeiro refere-se aos sentimentos imediatos e leva em consideração os objetivos e o próprio futuro: aprende-se a confrontar a perspectiva do bom com o que é agradável ou desagradável em determinada situação; aprende-se também a dar mais importância a objetivos do que a sentimentos, e ao futuro mais do que ao presente. Nesse caso, o que faz o indivíduo recuar em um passo são seus próprios objetivos e, portanto, seu próprio bem-estar. O segundo passo consiste em tomar distância do próprio bem-estar, porque se dá importância a outras pessoas (ou coisas). No terceiro passo, quem diz "eu" toma distância de sua própria egocentricidade, consciente de sua insignificância e de suas preocupações dentro

---

* Entendemos que aqui a expressão "tomar distância de si" [em alemão: *von sich zurücktreten*] remete ao sentido de dar um passo para trás para repensar a própria vida e dar-lhe uma nova direção. Assim, a tradução espanhola por "distanciamento" é razoável, mas não ideal. Nossa tradução coincidirá com ela em alguma medida. [N. dos T.]

do universo. O primeiro passo é necessário para seres deliberativos; o segundo pode ter conformações de diferentes graus (deixo de lado a questão dos motivos); o terceiro é apenas uma possibilidade da qual tratarei nos capítulos 5 e 6.

4

Não se pode descrever nenhum dos três passos mencionados sem usar, além da palavra "bom", o termo "importante". Como se deve entender isso? Existem contextos práticos, mas também teóricos, em que ele se mostra imprescindível. A razão para isso é que reflexões, teóricas ou práticas, não apenas transcorrem de modo linear, mas também precisam levar em consideração a relevância e o peso que cabem a um fator parcial dentro do todo. Quando, por exemplo, no âmbito teórico, quer-se descrever uma situação complexa, mas uniforme (como um acidente de trânsito), não é suficiente apresentar enunciados verdadeiros. É preciso, antes, refletir sobre quais aspectos ou fatores são mais ou menos importantes para a compreensão da situação. De modo análogo, no âmbito de uma reflexão prática, não é suficiente dizer que tais e tais coisas às quais estou relacionado volitivamente são boas para mim. A pergunta é quão importantes elas são dentro do todo ao qual estou volitivamente relacionado. É claro que os que dizem "eu", tão logo se comportem de modo deliberativo, portanto, tão logo a categoria "bom" desempenhe para eles um papel, estão em um todo de objetivos, dentro do qual devem refletir sobre o valor dos objetivos uns em relação aos outros, e esta é uma relação que não pode ser expressa apenas com os termos "bom"/ "melhor". Assim, quando uma coisa é mais importante para mim do que outra, não faz sentido dizer que aquela é melhor do que esta. A referência ao todo daquilo que se deseja não está contida apenas no "bom". Classificar diferentes objetivos segundo a importância que uns têm em relação aos outros é como fazer listas dos desejos prioritários, tal como aparecem na teoria da escolha racional. À minha problemática soma-se agora o fato de que os objetos da vontade são colocados em diferentes dimensões numa relação mútua de importância: o futuro em relação ao presente, outras pessoas e outras coisas em relação a mim mesmo.

Quando, então, no terceiro passo, o indivíduo começa a ter consciência de que é desimportante considerar-se importante, estamos diante de um novo conceito de importância/desimportância prática, porque, tanto no ato de considerar-se importante como no de considerar-se desimportante, é usada a palavra "importante", sem que, como de resto é comum no contexto prático, seja indicado o sujeito *para* o qual algo é importante ou desimportante. Parece claro o que significa quando digo que x é importante para mim ou que x é mais importante do que y. Mas o que pode significar o fato de eu me considerar importante ou tomar consciência de minha desimportância?

Faz sentido falar de importância e desimportância no âmbito prático sem acrescentar para quem? Falar da própria insignificância diante do universo, como fiz há pouco, teria sentido se concebêssemos um "observador imparcial" – tal como é conhecido na filosofia moral inglesa desde Adam Smith –, ou seja, um deus imaginário, para o qual eu, em relação à infinidade de outros seres de todos os tempos, teria de parecer relativamente desimportante. Nesse caso, a palavra "importante" seria usada em seu sentido normal, que esclareci há pouco. Mas depois a questão que se coloca é se a circunstância da própria desimportância dentro do universo não se manteria tal e qual, mesmo sem um deus semelhante.

5

Outra reflexão pode ajudar a entender esse uso de "importante", no qual a palavra não aparece no sentido de "importante para". Os homens se consideram importantes e creem que têm um "valor" (1) porque se julgam dignos de amor e de apreço e (2) porque estão cientes de que interferem nos acontecimentos do mundo.

Num livro dedicado ao tema do "reconhecimento"[8], Tzvetan Todorov fez uma distinção entre a necessidade vital do reconhecimento da própria existência pelos outros, supostamente presente já desde o primeiro ano de vida, e a necessidade, que surge mais tarde, de ser reconhecido por ter feito algo bom. A palavra "reconhecimento" oferece o risco de não ser usada com clareza, pois não se pode simplesmente reconhecer alguém sem entender com *qual característica* a pessoa deve ser reconhecida (por exemplo, como ser livre, como sujeito de direito etc.). No segundo sentido da palavra "reconhecimento" distinguido por Todorov, isso está dito claramente: a pessoa é reconhecida como boa, como boa em tal e tal coisa. Nesse caso, o reconhecimento é uma avaliação. Já no primeiro sentido, isso não está claro. Todorov afirma que a criança pequena (e depois o adulto) é reconhecida em sua *existência*. Mas se essa afirmação fosse tomada literalmente, significaria que a circunstância de sua existência

---

8. TODOROV, T. *Abenteuer des Zusammenlebens* (trad. alemã a partir do francês), Frankfurt/Main, 1998, p. 100.

seria levada em conta; todavia, naturalmente, essa obviedade não é o que Todorov pretende dizer[9]. (Na tradição de Fichte, graças à qual a palavra "reconhecimento" entrou em circulação na filosofia moderna, falar do reconhecimento de alguém como "eu" poderia até parecer tentador, mas, por certo, seria apenas mais uma obviedade. Todos os que dizem "eu" costumam se reconhecer uns aos outros como seres que dizem "eu".)

Penso que também no primeiro dos dois sentidos da palavra "reconhecimento", distinguidos por Todorov, o que está em questão é uma valoração, só que subjetiva. Quando uma pessoa faz do bem-estar de outra (por exemplo, a mãe em relação ao bebê) um objetivo derradeiro, isso normalmente significa que esse bem-estar alheio tem, no âmbito dos bens da pessoa – e para seu próprio bem-estar –, um grande valor e uma grande importância. A mãe dá a entender ao bebê que ele é importante para ela, e para o bebê isso parece significar que ele não apenas é importante para ela, mas que também tem um valor que é importante (sem o "para"). Quem é amado considera-se digno de amor, e esse segundo componente também já é subentendido por quem ama. Desse modo, na informação "você é importante para mim" já está implícita outra, a de que "você é importante".

A tese de Todorov sustenta as observações de René Spitz[10] de que, para as crianças pequenas, a consciência de serem amadas – de serem o objetivo derradeiro para os outros e importantes para si mesmas – é uma necessidade vital. A isso se poderia vincular a hipótese de que as crianças, antes mesmo de conseguirem dizer "eu", preci-

---

9. Cf., não obstante, mais adiante, p. 176.
10. Cf. SPITZ, R. *"Nein und Ja"*. *Die Ursprünge der menschlichen Kommunikation*. Stuttgart, 1959.

sam saber que são consideradas importantes por outras pessoas. Talvez isso se dê porque, do contrário, seria muito difícil para elas assumir a vulnerabilidade e o peso que a egocentricidade traz consigo. Para que se refiram a seu bem-estar como objetivo derradeiro, aparentemente as crianças têm de sentir que vale a pena para os outros fazer do bem-estar delas um objetivo derradeiro. Isso quer dizer que, para poder considerar algo importante, os que dizem "eu" precisam, primeiro, considerar a si mesmos importantes e, segundo, para que possam considerar-se importantes, precisam imaginar que são importantes para os outros. Da ideia não muito clara de que são importantes para os outros, resulta aquela de *serem* importantes (sem o "para"), de terem um valor. Desse modo, o reconhecimento é transformado em um sentimento de ser digno de reconhecimento. A necessidade de ter o próprio valor confirmado permanece por toda a vida (talvez porque seja muito difícil suportar a egocentricidade ao longo da vida) e se amplia logo cedo na necessidade de ser reconhecido como bom naquilo que se faz. Para se livrarem da condição de estarem relacionados à situação em seu querer, obviamente os que dizem "eu" precisam não apenas da palavra "bom", mas também da palavra "importante", e quanto a esta, no sentido peculiar de *sentirem-se importantes* (ter consciência do próprio valor). No que se refere a essa necessidade, os que dizem "eu" são insaciáveis por toda a vida. Anseiam pela confirmação de serem dignos de amor e apreço. E, no sentimento de se sentirem importantes, esses dois anseios ainda se vinculam àquela autoafirmação que está no sentimento de alcançar alguma coisa e ser eficaz (nos que anseiam pelo poder, este último aspecto pode ser dominante quando se sentem importantes).

É em relação a essa consciência da própria importância, uma consciência que se constrói com base na relevância do indivíduo em seu pequeno círculo, que o homem, confrontado com o universo (isto é, perante círculos cada vez maiores e que não são aqueles de sua própria atividade), pode experimentar sua desimportância. Ao final de sua *Crítica da razão prática*, Kant escreveu que a visão do "céu estrelado" "como que aniquila minha importância".

CAPÍTULO 3
O DIZER "EU" NO DOMÍNIO PRÁTICO: AUTOATIVAÇÃO E IMPUTABILIDADE

1

O que no segundo capítulo foi esclarecido com base na palavra "bom" não seria compreensível sem a conexão com determinado emprego da palavra "eu". Além do modo de emprego do "eu", descrito no primeiro capítulo, existe uma nuança prática especial, sem a qual não se pode imaginar a vida humana. Ela se expressa mais claramente na frase: "Depende de mim." Até onde vejo, na teoria analítica do "eu", essa nuança praticamente ainda não foi considerada no que se refere ao esclarecimento de como a palavra "eu" é empregada. Tyler Burge e Sidney Shoemaker chamam a atenção para o fato de que somente a partir da perspectiva do "eu" pode-se entender algo como a reflexão e a mudança do próprio pensamento e da própria ação mediante razões[1]. Burge escreve:

---
1. SHOEMAKER, S. "On knowing one's own mind", Philosophical Perspectives 2 (1988), pp. 183-209, publicado em SHOEMAKER, S. *The First-Person Perspective and other Essays*. Cambridge Univ. Press, 1996, pp. 25-49. BURGE, T. "Reason in the First Person", in: WRIGHT, C. *et al.* (orgs.). *Knowing our own Minds*. Oxford, 1998.

"The first-person-concept fixes the locus of responsibility" (253).

Talvez a ideia do *locus of responsability* possa ser esclarecida da seguinte forma: os outros podem perguntar-me – mas eu mesmo posso fazê-lo – pelas razões por que eu penso ou faço algo. Os outros podem – assim como eu mesmo posso – dar a entender que o modo como agi não foi bom, que há razões para que eu devesse ter agido de outra maneira. Com base no que tentei mostrar no capítulo anterior, posso ser interpelado desse modo. Os que dizem "eu" podem refletir e agir tendo em vista o bom. Portanto, a tese de Burge é que, se alguém que diz "eu" é interpelado desse modo, é interpelado *como* alguém que diz "eu". Por isso, o *locus of responsability* não é algo dentro de mim – por exemplo, "o eu"–, tampouco é algo junto a mim. Eu é que sou esse *locus* como eu. Como se deve entender isso?

No capítulo anterior, desenvolvi a temática da reflexão e da motivação pelo bom a partir da estrutura da linguagem proposicional, desconsiderando inicialmente o dizer "eu" como tal. Agora, trata-se, porém, de esclarecer que a reflexão e a referência a razões não podem ser acontecimentos anônimos (para Burge, "a mere going on", 251). São um fazer que tem o "eu" como sujeito gramatical. Embora eu também possa dizer de outra pessoa que ela reflete, esta não é uma referência a algo que ocorre nessa posição; ao contrário, sua reflexão só poderá ocorrer quando *ela* puder dizer a si mesma: "*Eu* reflito." Logo, só podemos falar na terceira (e na segunda) pessoa porque também podemos falar na primeira. Vimos no primeiro capítulo que podemos nos referir à mesma pessoa com termos singulares, que pertencem a diferentes "perspectivas" (pp. 18 s.). Por isso, também posso dizer: "E. T. reflete" ou "Esta pessoa reflete". Contudo, se a tese de

Burge estiver certa, esse fato será secundário. Se alguém reflete, então o faz a partir da perspectiva do "eu", mas isso também é ambíguo. No primeiro capítulo, falei daquela classe de predicados que me competem na perspectiva do "eu" (p. 19): os predicados que respondem por estados "internos". Quando, porém, penso ou reflito, o pensar e o refletir competem não apenas a mim. Trata-se não só de estados internos; encontro o pensar e o refletir não somente em mim. Ao contrário, sou eu quem os realiza, sou eu o agente – *the agent*, como dizem Burge e Shoemaker.

À primeira vista, isso se apresenta como fenomenologicamente correto. Mas então temos de nos perguntar o seguinte: em primeiro lugar, como essa questão se relaciona com aquele significado da palavra "eu" que se mostrava no problema da referência? Em segundo, qual é o alcance da tese do agir marcado pelo eu? Que atividades ela abrange?

No tocante à primeira pergunta, o núcleo da explicação do emprego do "eu", que dei no primeiro capítulo, era do seguinte teor: quando alguém se refere a si não segundo uma perspectiva qualquer, mas simplesmente a si mesmo, então tem de fazê-lo usando o "eu" (p. 19). Mas o que significa esse "si mesmo"? De que modo sou dado a mim como eu mesmo? Obviamente, como o falante ou o pensante (ver pp. 23-4). (Burge: "The referent is the author of the thought", p. 245.) Nisso está um fazer. Ora, no primeiro capítulo, chamei a atenção para o fato de que a tudo o que é dito ou pensado de modo proposicional cabe a consciência de um espaço de manobra (que depois, na reflexão, é percorrido a passos largos). Trata-se do espaço de manobra para a capacidade de fazer assim ou assado e que está implícito nas asserções de tipo sim/não. Tanto essa capacidade quanto essas asserções significam um "*eu* consigo", "*eu* tomo posição", "*eu* julgo". Portanto, poderíamos dizer que ter consciência de si próprio significa ter consciência de si como ser pensante em um espaço de manobra de tomada de posição.

Enquanto isso for descrito apenas desse modo, sua repercussão será imprecisa. Antes que eu pergunte por um critério que permita entender esse "eu consigo" com mais precisão, passo à segunda questão dos pontos mencionados acima. O fazer marcado pelo "eu" concerne somente ao pensamento, ao tomar posição e à reflexão? No entanto, do mesmo modo como não se pode imaginar o pensar e o refletir como um acontecimento anônimo, isso parece valer também para a maioria das ações humanas.

2

Portanto, temos de nos adentrar na questão de como o agir humano deve ser entendido. O que Shoemaker e Burge querem dizer quando falam de *agency*? Pode-se partir do contraste de duas formas proposicionais: "Eu faço isto e aquilo" e "eu me encontro neste e naquele estado interno". Trata-se, obviamente, de uma diferença entre ativo e passivo. O que caracteriza a primeira forma proposicional? Costuma-se dizer que um acontecimento é um fazer – uma ação – quando é determinado por uma intenção. Contudo, a palavra "intenção" ainda é demasiadamente ambígua. Também em relação a outros animais, falamos de um agir quando supomos que o acontecimento é determinado por uma intenção (por exemplo, "o gato salta para a árvore; ele tem a intenção de escapar do cachorro"). Falar de "ativo" no sentido amplo, em que também em relação aos outros animais se fala de agir e se empregam palavras de ação, ainda não leva ao contraste de "ativo" e "passivo" de que aqui se trata. Essa indeterminação pode ser evitada quando, em vez de "intenção", falamos em "propósito". Já vimos esse conceito no capítulo anterior (ver p. 30). Apenas quem diz "eu" pode ter um propósito. E ter um propósito significa querer alcançar algo bom, um objetivo, e o caráter irredutivelmente proposicional de uma ação determinada por um propósito mostra-se no fato de que, também em relação a uma reflexão sobre o que é bom para nós, podemos questionar tudo o que nos propusemos fazer (ver pp. 31-2).

Portanto, em todo fazer determinado por um propósito podemos distinguir entre a tentativa e o êxito.[2] Quando um fazer é teleológico, significa sempre que o agente tenta alcançar o objetivo, mas pode fracassar no que se propôs fazer. Em geral, o agir humano é amplamente determinado pela referência ao objetivo [*Zweckbezug*], de modo que a tensão entre a tentativa e o êxito determina quase tudo o que se chama de ação humana (estão excluídas apenas as atividades como nadar ou passear, que têm seu objetivo em si mesmas). Se é correto que a tensão entre a tentativa e o êxito está ligada ao objetivo das ações, então, em relação aos outros animais, normalmente só se poderia falar de um análogo da "tentativa". Se vou obter aquilo que me proponho é uma condição que sempre depende de fatores que não estão em meu poder, mas que também sempre depende de mim. Por isso, dizemos: "(Também) depende de mim obter tal coisa."

Na frase "depende de mim", temos uma expressão de tipo "eu", com a qual, de certo modo, faz-se referência a outra frase – "eu consigo" – que, por sua vez, remete a

---

2. Sobre o par conceitual tentativa – êxito, cf. HAMPSHIRE, S. *Thought and Action*. Londres, 1959, pp. 107 ss.

algo irredutivelmente prático. Em que consiste? É um erro o hábito de discutir essa expressão, assim como aquela estreitamente ligada a ela ("eu também teria conseguido de outro modo"), somente no contexto do problema da liberdade no sentido de imputabilidade (sobre o qual ainda falarei). Ambas as expressões têm um alcance muito mais amplo, pois podem ser empregadas em todas as ações teleológicas, ou seja, propositais; portanto, em todas as ações para as quais vale a diferença entre a tentativa e o êxito.

O que quer dizer então a frase "depende de mim"? O que em mim é determinante para que eu alcance o objetivo? Basta pensarmos, por exemplo, num atleta de corrida. Ele tem interesse em ganhar. Esse é seu objetivo. Os espectadores o estimulam gritando: "Vamos, coragem, você consegue." E ele estimula a si mesmo: "Eu consigo, basta eu querer, depende de mim." Ou então podemos imaginar alguém que queira desenhar um círculo perfeito. Ele também tem um objetivo e o propósito de consegui-lo: o objetivo de desenhar esse círculo do modo mais perfeito possível. E essa pessoa também pode dizer a si mesma: "Preste atenção, concentre-se, o êxito depende de você!"

O que isso significa? Nesses e noutros exemplos, podemos perceber que, tão logo o indivíduo aja com o propósito de realizar algo bom, subordina a esse objetivo não apenas as coisas que estão em seu ambiente, refletindo sobre o que pode servir de meio para esse objetivo, mas também seus estados internos ao agir, tendo em vista seu objetivo. Além disso, caso esses estados internos se oponham ao objetivo, ele tem de controlá-los. Desse modo, em um ser que possa ser determinado pelo propósito de alcançar um objetivo, a vida interior divide-se em ativa e passiva. De um lado está meu esforço, minha concentração etc.; de outro, estão os sentimentos contrapostos que tenho de controlar: a indolência, conhecida como "preguiça" etc. Segundo Aristóteles, trata-se dos elementos sensoriais de motivação (ver pp. 29 s.), e o que se opõe a eles, como viu o filósofo grego, é a perspectiva de algo bom, o propósito. Aristóteles, no entanto, não enfatizou o aspecto da tentativa, por isso também não se deu conta do fator "eu".

Em todo caso, agora está claro que o contraste entre o ativo e o passivo, do qual se trata aqui, pode produzir-se não apenas na descrição psicológica, mas também no agir e em favor do próprio agente. Além daqueles estados internos que o agente simplesmente "tem", o passivo concerne àqueles estados internos que ele vivencia como fatores resistentes à sua atuação. O agente se vê numa luta com o lado passivo e, quando sucumbe a ele – por exemplo, um fumante que se pusera o objetivo de parar de fumar ou alguém que não consegue domar sua raiva, ou ainda o atleta de corrida, quando "já não aguenta prosseguir" –, costuma-se dizer em várias línguas: "[Isso] Foi mais forte que eu" [*Es war stärker als ich*].

Já que "isso" [*es*] pode ser mais forte que eu, também o chamado passivo é, em certo sentido, ativo, mas não é nenhuma atividade *minha*. As expressões "isso" [*es*] e "eu" [*ich*] têm aqui um sentido semelhante ao "Id" [*das Es*] e ao "Ego" [*das Ich*] em Freud, só que Freud transformou o atuar marcado pelo "eu" em uma instância interna, "o Ego" em mim. Em contraposição, pode-se esclarecer por que é tão importante ater-se à expressão empregada nas línguas humanas: "depende de mim", *eu* sou interpelado. Tão logo eu torne isso uma instância no aparato psíquico – o Ego em mim –, expulso de mim o *locus of responsability*. Quando sou responsabilizado ou eu mesmo me responsabilizo por alguma coisa, apenas eu posso ser responsabilizado. A responsabilidade não pode ser delegada *ao* suposto Ego nem a outra coisa que esteja em mim ou junto a mim. Assim, em contraposição ao discurso freudiano, fica claro que, nesse caso, eu sou interpelado como eu.

Contudo, ainda não está claro em que, na frase "depende de mim", sou interpelado. Certamente, em meu querer. Mas isso ainda está muito indefinido. No debate sobre o livre-arbítrio, a frase "eu consigo (fazer isto e aquilo)" é definida do seguinte modo por alguns autores: "Eu consigo, ou seja, eu o faço quando quero."[3] Tal frase é então objetada por outros autores, que defendem que assim apenas a liberdade de ação é definida, não o livre-arbítrio. No debate, esses autores costumam ser os defensores de uma liberdade absoluta e não causal[4], isto é, de uma ideia errônea, à qual sempre se volta somente porque não se conseguiu associar claramente o fenômeno da liberdade à nossa convicção de que há uma causalidade a determinar todo acontecimento. No entanto, a partir do que foi desenvolvido acima, é totalmente evidente que não há nenhuma relação não causal implícita quando se tem de falar não somente da liberdade de agir, como pensavam os humeanos, mas também do livre-arbítrio: o atleta de corrida, o desenhista, o fumante etc. encorajam-se quando dizem a si mesmos: "Depende de mim", não simplesmente com a finalidade de querer alguma coisa, e sim para querê-la com mais intensidade. Na medida em que o lado ativo do querer entra em luta com o passivo e indolente, passa a existir um espaço não só para fazer isto ou aquilo (inicialmente, essa diferença não desempenha nenhum papel; cf. p. 58), mas também

---

3. Além de Hume, é clássico o capítulo "Free Will" em Moore, G. E. *Ethics*. Londres. 1912.

4. Cf., por exemplo, Campbell, C. A. "Is Freedom a Pseudo-Problem?", in: *Mind* 60 (1951), pp. 446-65.

para querer mais ou menos aquilo que se faz. Todo querer orientado a um objetivo pode ser mais forte ou mais fraco, contanto que, em sua orientação para algo bom, também saiba lidar com sua própria passividade. Por conseguinte, a expressão "eu consigo" é não apenas uma capacidade de agir, mas também de querer, e justamente aqui o indivíduo diz a si mesmo: "Depende de mim." Eu mesmo, como aquele que quer, sinto-me como alguém que é capaz de querer com mais ou menos intensidade. Contudo, fora do dizer "eu", essa intensidade "maior ou menor" não pode ser absolutamente sentida e tampouco existe, porque essa graduação no querer está ligada à resolução com que o agente atém-se a seu objetivo e a seu propósito. Mas isso, naturalmente, não significa que aqui incidimos em um âmbito não causal. Na medida em que consigo me esforçar ou me concentrar, incido num limite. Até que ponto alguém consegue se esforçar e se concentrar é algo preestabelecido de modo causal, mas o ponto onde está esse limite só pode ser determinado por ele mesmo, tanto que esse limite não é sequer uma grandeza fixa, e sim um campo delimitado, dentro do qual aquele que se esforça oscila, e justamente apenas quando se esforça ("oscila": por exemplo, a saltadora de vara consegue uma vez o salto, depois não). Portanto, trata-se de um "mais ou menos" que, mesmo quando condicionado fisiologicamente, pertence ao próprio querer e em nada redundaria se não existisse a pessoa que quer e que pode dizer a si mesma: "Eu tenho de conseguir, depende de mim."

3

Até agora, deixei intencionalmente de lado a reflexão. Primeiro devia ser esclarecido todo o campo daquelas ações que podemos designar como ações do "eu". Mostrou-se então uma série de traços característicos das ações do "eu" e que estão ligados entre si analiticamente: 1) uma ação dessa espécie é guiada por um propósito (por um "eu me proponho x"), e o propósito dirige-se a algo bom, a um fim [*Zweck*], um objetivo [*Ziel*]; 2) em todas as ações dessa espécie existe a diferenciação entre a tentativa e o êxito; 3) para todas elas, embora em algumas mais visivelmente que em outras, o contraste ativo--passivo é constitutivo, e o autocontrole, necessário; 4) a isso se vincula o fato de que o querer contido no propósito pode ser mais forte ou mais fraco; 5) o imperativo resultante, "faça um esforço!", é sempre dirigido a *mim*, isto é, a alguém que, ao dizer "eu", pode intensificar seu querer, de modo que a expressão "depende (também) de mim" passe a significar o seguinte: "Até que ponto alcanço o objetivo é um fato que (também) depende de quão intensamente o quero e de quanto controlo o passivo em mim."

Qual a relação da reflexão com essas atividades do "eu"? Seria ela constitutiva de uma atividade do "eu" ou simplesmente outra atividade do "eu"?

Naturalmente, alguém que diz "eu" pode permitir que no lugar de cada propósito se estabeleça uma reflexão. Em um propósito, o indivíduo se orienta para algo bom; na reflexão, ao contrário, ele se pergunta o que é comprovadamente melhor. Nesse sentido, ambas as coisas estão mútua e estruturalmente ligadas (cf. a respeito a concepção de Aristóteles, *Ética a Nicômaco*, III 5). Quando, porém, nos orientamos para algo bom, não o problematizamos. Durante uma corrida, aquele que põe o objetivo em questão é um mau competidor. E, no entanto, um fator de reflexão sobre os melhores meios (internos e externos) está contido em toda atividade do "eu". Durante a corrida, o competidor reflete, por exemplo, sobre qual o melhor modo de lidar com suas reservas de energia. Contudo, nesse caso, a reflexão não é uma ação própria. Fala-se de um agir refletido, e o fator da reflexão é adverbial.

Se a reflexão é uma ação interna própria, então ela entra no gênero das ações do"eu"; portanto, também para ela valem os cinco aspectos das ações do"eu" há pouco mencionados. Não obstante, cabe-lhe uma distinção, pois o bom ao qual ela é referida – o objetivo que ela toma como referência – consiste em problematizar o bom de um objetivo, na medida em que aquele que reflete pergunta pelas razões que falam a favor ou contra o caráter bom do objetivo. A pergunta sobre o que isso significa concretamente está relacionada à natureza do bom e será tratada no capítulo 4. No presente capítulo, trata-se somente de mostrar que também a reflexão é uma atividade do"eu", que ela tem um objetivo e que pretende alcançá-lo. O esclarecimento sobre o que é melhor e o que é o melhor de todas as coisas compõe o bom específico à reflexão. Portanto, nesse modo determinado, seu objetivo consiste na referência a outros objetivos (seu ser-bom-e--melhor).

Parece, então, caber à reflexão um valor especial na compreensão da liberdade humana no sentido de imputabilidade. Quando perguntamos se uma pessoa agiu em pleno gozo de suas faculdades mentais, na verdade estamos querendo saber se ela foi capaz de refletir sobre sua ação. Teria essa ação sido determinada por alguma razão, ou melhor, sua conduta poderia ter sido determinada por alguma razão, ou foi compelida, forçada?[5] Visto

---

5. Cf. meu ensaio "Der Begriff der Willensfreiheit", in: *Philosophische Aufsätze.* Frankfurt/Main, 1992, e BIERI, P. *Das Handwerk der Freiheit.* Munique, 2001.

desse modo, o *locus of responsability* aparece definido pela aptidão do "eu" às atividades especiais, relacionadas à reflexão. As frases "depende de mim" e "eu poderia ter agido de outro modo" referem-se à possibilidade de que se poderia ter feito outra escolha, e a escolha que se tem em vista é refletida. Por outro lado, a fórmula de que se poderia ter agido de outro modo (melhor), que costuma ser considerada a fórmula padrão para a imputabilidade, ocorre igualmente em todas as demais atividades do "eu". Quem se anima conclama a si mesmo: "Você é capaz de fazê-lo de outra forma (melhor)." Por isso, em todas as atividades do "eu" e de modo algum somente em relação à reflexão, é possível fazer admoestações a si próprio. Posso dizer a mim mesmo: "Você agiu irrefletidamente", mas também: "Você não se concentrou o suficiente no objetivo, não se empenhou o suficiente." E, assim, no caso geral, as consequências emocionais também são as mesmas do caso especial: o indivíduo repreende a si mesmo, irrita-se consigo mesmo (e em todas as ações que têm alguma importância também para outros, estes também podem irritar-se) e discute consigo mesmo ("como pude?!").

Como se entende então que, nas demais atividades do "eu", não se fala de imputabilidade? E por que esse amplo campo das atividades do "eu" não é levado em conta no debate usual sobre liberdade e imputabilidade humanas, quando se discutem as frases "depende dele/de mim" ou "eu também poderia ter agido de outro modo"? A segunda pergunta encontra uma resposta inicial no fato de que, no debate usual, o problema da imputabilidade costuma agravar-se nos campos da moral e do direito penal. Muitas vezes, na discussão inglesa, fala-se justamente de *moral responsability*. Porém, essa limitação é um erro: uma pessoa age no gozo de suas faculdades mentais (e não compulsivamente) quando consegue guiar-se por seu próprio bem-estar (o bem-estar "prudencial"). No próximo capítulo, entrarei na questão de como o moralmente bom inscreve-se no prudencialmente bom. Por enquanto, basta deixar claro que, quanto à questão da imputabilidade na moral e no direito penal, pressupõe-se apenas que a pessoa, em seu agir, tenha a capacidade de se deixar guiar pela perspectiva daquilo que ela considera bom ou ruim[6].

Portanto, a imputabilidade depende somente da capacidade para a reflexão prudencial. Porém, se a reflexão não passa de uma atividade entre muitas outras, que se pode fazer melhor ou pior e que pode levar o indivíduo a animar-se e recriminar-se, por que então só em relação a ela se fala de imputabilidade? A razão reside no fato de que o discurso sobre a imputabilidade sempre pressupõe que a pessoa *escolheu* uma coisa em vez de outra – um objetivo em vez de outro –, enquanto, nas demais atividades do "eu", aquilo que se exige de si não é uma coisa em oposição a outra, e sim um "como" no ato de "referir-se" a *um* objetivo: não escolher (ou evitar) esse bom, mas dirigir-se com maior decisão ao bom que concerne a alguém.

Vista atentamente, a recriminação que uma pessoa faz a si mesma porque não refletiu (ou porque não refletiu

---

6. Cf. p. 341 do ensaio há pouco citado: Os "pontos de vista da moral e do direito são, para o indivíduo, fatores simplesmente ulteriores, que ele considera bons ou ruins para si e que, em suas reflexões, ele tem de considerar ou não, exatamente como todos os demais fatores da situação, que são bons ou ruins para ele. Se ele se identificar com uma norma moral ou jurídica, isso significará que aquilo que nela é designado como bom em si ou para a sociedade também é visto por ele, de uma ou de outra maneira, como bom para si mesmo. Se, ao contrário, ele não se identificar com essa norma, terá de tomar conhecimento de que sua violação está vinculada a uma penalidade, e esta passará a ser incluída em suas reflexões como um possível mal adicional para ele – caso ele seja imputável".

o suficiente) refere-se à reflexão justamente quanto ao aspecto que ela tem em comum com as demais atividades do "eu", a saber, que ela pode estar orientada com maior ou menor intensidade ao que lhe é bom (no seu caso, trata-se de refletir sobre o que é melhor). "Você devia ter prestado mais atenção", recrimina-se o indivíduo. "Você devia ter pesado melhor os fatores da situação que eram relevantes para o seu bem-estar." No primeiro plano da autorrecriminação não pode estar o fato de que o indivíduo escolheu A em vez de B, pois ele só pode se recriminar pelo que deu errado em sua atividade. Todavia, essa atividade consiste em um processo que está orientado para a escolha do melhor em vez do pior. Ainda no processo penal e, na maioria das vezes, na repreensão moral, outros recriminam o indivíduo por ele ter escolhido o errado; a própria pessoa só *consegue* se recriminar por não ter ponderado o suficiente, pouco importando se isso agora concerne a seu bem-estar prudencial ou especialmente ao que é exigido pelo direito ou pela moral.

Por conseguinte, se nos ativermos às expressões "depende de mim" e "eu também teria conseguido de outro modo", que são os critérios habituais para a identificação do fenômeno do livre-arbítrio, concluiremos que esse fenômeno é mais abrangente e que seu ponto-chave está em outra parte que não naquela onde costuma ser visto. A capacidade de reflexão, que é constitutiva da imputabilidade, não passa de uma forma do livre-arbítrio. A característica específica do livre-arbítrio não é o fenômeno da escolha (tampouco o da escolha refletida), e sim o fato de que os que dizem "eu" podem referir-se de modo mais ou menos intenso a algo bom. Esse fenômeno é constituído tanto pela referência a algo bom quanto pelo fato de que o esforço realizado na orientação a algo bom é algo que aquele que diz "eu" só pode fazer *como* alguém que diz "eu". Ao dizer a si mesmo "depende de mim", o indivíduo confronta-se consigo mesmo. E esse confronto ocorre na autorrecriminação ("eu poderia ter me esforçado mais").

4

Até agora, apenas mencionei esta segunda formulação padrão: "Eu poderia ter agido de outro modo." Como, exatamente, ela deve ser entendida? No debate habitual, como Austin certa vez formulou, discute-se se a capacidade em questão é de caráter condicional ("iffy")[7]. Aqueles que argumentam favoravelmente a uma liberdade não causal pensam que essa capacidade não é condicional. Mas certamente ela o é, e não cabe perguntar se essa capacidade implica uma frase condicional, mas somente como ela deve ser entendida. A ampliação do uso da expressão "depende de mim" também permite compreender melhor essa questão. Se nos ativermos apenas à imputabilidade, então a complementação com uma frase hipotética se traduziria com a seguinte explicação: "Eu poderia ter escolhido de outro modo (melhor)" significa: "Se eu tivesse refletido, teria escolhido de modo diferente (melhor)." Ao ser ampliada a todas as atividades do "eu", essa explicação conduz à seguinte frase: "Se eu tivesse me esforçado mais, teria alcançado melhor meu objetivo."

Creio que ambas as formulações tenham algo de insatisfatório, pois deixam a frase condicional particularmente em aberto. Cabe, então, perguntar: *se* reflito e *se* me es-

---

7. A primeira frase do ensaio de J. L. Austin, "Ifs and Cans" (in: *Philosophical Papers*, Oxford, 1961) diz: "Are *cans* constitutionally iffy?" [Seriam as capacidades constitucionalmente condicionais?].

forço, do que isso depende? Não seria evidente dizer que, seja como for, depende, em parte, do fato de eu me persuadir e, em casos análogos e anteriores, ter posteriormente me recriminado? No encorajamento e na recriminação está um fator afetivo-valorativo, e parece plausível que, sem esse fator de sentimento e valoração, a motivação a um objetivo não pode acontecer de modo algum. No capítulo 2, observei como é surpreendente que seres humanos possuam a capacidade de serem motivados não só por sentimentos, mas também pela simples ideia de que algo seja bom (p. 30-1). É, pois, evidente que tal motivação tem de ser codeterminada por sentimentos adequados e que esse fator afetivo-valorativo também é visto como intersubjetivamente sustentado. Por exemplo, uma mãe desperta seu filho: "Você tem de ir para a escola; portanto, seria bom (!) se levantar agora." Inicialmente, ela fala com amabilidade, mas depois de certo tempo seu tom demonstra irritação, e tanto a valoração positiva quanto a irritação são internalizados mais tarde.

Penso, então, que esses afetos positivos e negativos tenham de ser incorporados à frase condicional, para que ela não fique solta no ar. Certamente, *se* eu me esforçar, vou me cansar mais. Mas o que me leva a isso, a me esforçar mais? Ou: se eu tivesse refletido, isso não me teria acontecido; irrito-me terrivelmente pelo fato de não ter refletido; mas assim posso perguntar-me por que não refleti. Obviamente porque não considerei o fato tão importante, o que, por sua vez, está ligado ao fato de que faltava a base afetiva. Como agora estou irritado, da próxima vez refletirei antes de agir.

Este último pensamento, defendido há setenta anos por Moritz Schlick em uma concepção semelhante, provocou indignação. Como tal, a atribuição de responsabilidade seria "vista unicamente sob o ponto de vista de sua utilidade para a conduta futura"[8]. Não sei se a crítica atinge a Schlick. Em todo caso, meu ponto de vista não é o de que o efeito de recriminação e afeto sobre a conduta futura deva substituir o livre-arbítrio, e sim de que a acessibilidade afetiva daquele que diz "eu" à sua liberdade pertence a essa própria liberdade. O fato de que isso nem sempre seja visto assim reside no isolamento artificial de um fenômeno aparentemente puro da vontade. Uma perspectiva que só podia ser sugerida porque o problema da imputabilidade havia sido colocado, sobretudo no contexto moral e penal, em vez de ter sido estabelecido no prudencial. E depois se pensa que a recriminação moral e a punição pressupõem que à ação caiba uma propriedade, designada como "recriminabilidade moral" (*moral blameworthiness*, Campbell, *op. cit.*) ou "merecimento da punição", e que esta seja a reação adequada a essa propriedade; portanto, que o agente a "mereça".

Parece evidente que tal construção seja sempre despropositada no caso da autorrecriminação prudencial. Sobre aquele que se recrimina, ninguém pensará que ele faz isso injustamente, já que sua ação seria o efeito de causas prévias. O fato de ele "merecer" a recriminação e o afeto correspondente significa apenas que o afeto é cabível nesse caso (como duas rodas que se encaixam), e é cabível quando a ação puder ser alterada com tal reação. Essa é a razão pela qual a reação afetiva pertence plenamente à frase condicional. Se a ação fosse compulsiva, seria irracional recriminar-se, pois as recriminações valorativas e os afetos correspondentes não se encaixariam. A capaci-

---

8. Assim afirma U. POTHAST em seu livro *Seminar: Freies Handeln und Determinismus*. Frankfurt/Main, 1978, p. 138. Nesse volume, está impresso o capítulo de Schlick, igualmente relevante para nós e que provém de seu livro *Fragen der Ethik* (Viena, 1930). Contra Schlick, cf. também o já citado ensaio de Campbell, p. 53, nota 4.

dade do "eu" e o afeto da irritação pertencem um ao outro não porque eu "mereça" a irritação, mas porque esse afeto é um dos fatores dos quais a capacidade depende. O mesmo se pode dizer quando outra pessoa recrimina, como há pouco no exemplo da mulher a seu filho. A situação tampouco muda no caso da imputabilidade (deixo aqui de lado a questão da autonomia), quando a mãe reage com o mesmo afeto se o filho se porta mal em termos morais. E, no que diz respeito à imputabilidade, não muda nem mesmo quando ela bate nele. Quanto à imputabilidade, a situação só vai mudar quando a capacidade de autocontrole não estiver ou ainda não estiver presente, ou quando ela for menor do que seria admitido por aquele que reage afetiva ou punitivamente. Isso tem consequências graves para uma compreensão correta da educação e do direito penal. Contudo, nos casos em que a imputabilidade é reduzida, o fato de a reação afetiva ou a punição serem injustas porque são inadequadas só volta a confirmar que a acessibilidade a tais reações pertence à própria imputabilidade e que, por isso, é correto incorporá-las à frase condicional. Somente quando essas reações são incorporadas à frase condicional é que a imputabilidade reduzida pode ser protegida de reações inadequadas.

Em geral, as coisas não são vistas desse modo, pois, em primeiro lugar, há uma falsa compreensão do livre-arbítrio e, em segundo, uma falsa compreensão da punição. A primeira é consequência da formulação abstrata da frase condicional: "Ele teria agido de modo diferente se quisesse." Essa formulação não é falsa, porém, se não se esclarece como a frase condicional deve ser complementada, pode levar à ideia de que o querer se move em um espaço sem motivações. Além disso, quando se fala em punição merecida, a ideia antiquada de punição como represália continua a produzir efeito. Essa ideia de punição é vista como necessária para justificar aquela do "merecimento moral". O termo "merecimento" pode ser entendido de dois modos. Na concepção tradicional, ele representa uma propriedade do agente, à qual a "punição merecida" deve depois, de alguma maneira, adequar-se metafisicamente. Na concepção que me parece correta, a palavra "merecimento" tem simplesmente o sentido de que recriminação, afeto e punição são aplicáveis à conduta porque podem influenciá-la.

No contexto de meu questionamento, era importante notar que dificilmente se pode conceber a capacidade do "eu" sem levar em conta as reações afetivas, quer estas sejam próprias, quer alheias. Antes desse excurso sobre o sentido da frase "eu teria conseguido de outro modo", cheguei a mostrar que, em suas autorreações afetivas, aquele que diz "eu" confronta-se consigo mesmo (pp. 59 s.). No início do capítulo, parti da conclusão do capítulo 1, de que um falante refere-se a si mesmo com o termo "eu". De certo modo, não se definiu o que está contido no "eu mesmo". Inicialmente, afirmei que seriam o falante, o pensante, o judicante e aquele se vê num espaço de reflexão (p. 49). Entrementes, a aplicabilidade mais ampla do "depende de mim" fez a cena mudar. Agora, é mais evidente ver o centro do "eu mesmo" naquela nuança do "de mim" que se expressa no "depende de mim", e justamente porque nessa expressão sou confrontado comigo mesmo. Outro modo de aquele que diz "eu" ser confrontado consigo mesmo está no confronto com sua vida, de que tratarei no capítulo 5. O atual confronto consigo mesmo consiste no fato de que na frase "depende de mim" eu me dirijo afetivamente a mim mesmo, interpelando-me. Essa autoativação (sempre tendo um objetivo ou algo bom em vista) tem a forma de um imperativo. Poderíamos pensar que não importa se ele é expresso pelos outros ou por mim. Contudo, quando vem de outros, esse imperativo só poderá fazer efeito quando eu mesmo puder aceitá-lo e dirigir-me a mim desse modo. Uma atividade do "eu" só pode ser entendida como objeto de uma interpelação voltada a si mesmo em um autoimperativo.

5

Da capacidade para a autoativação resulta uma complicação adicional e uma carga para a egocentricidade dos que dizem "eu". Já na infância dizem-lhes continuamente – e eles aprendem a dizê-lo a si mesmos – tudo o que deles depende: depende de você ter cometido esse erro; você poderia ter prestado mais atenção; você tem de se esforçar mais; é culpa sua/minha etc. E como se supõe que a criança é capaz de entender que tudo depende dela mesma, é encorajada com palavras como "bom", mas justamente por isso, quando sua conduta não corresponde às expectativas, ela é objeto de desgosto e de recriminação. "Você fez bem ou mal tal coisa", é o que sempre estamos dizendo uns aos outros, de maneira verbal ou não. E primeiro temos de aprender a deixar de fazê-lo ou, pelo menos, a atenuar a raiva, mas mesmo depois continuamos a nos comportar assim e, quando entre duas pessoas as coisas não andam como o desejado, é de esperar que uma responsabilize a outra: "Depende de você; foi você que fez ou deixou de fazer tal coisa, mas deveria ter feito etc." Como alguém ainda pode sentir-se bem quando só recebe recriminações e, por sua vez, só pode rebatê-las? Portanto, assim como a autoativação dos que dizem "eu" representa uma extraordinária ampliação de sua capacidade – somente desse modo eles conseguem estabelecer objetivos para si mesmos e fazer bem alguma coisa, mas, justamente por isso, também erram e fazem coisas malfeitas –, ela também é fonte de um sofrimento incessante em si e de desgosto mútuo. A autoativação é não apenas uma fonte de sofrimento *adicional*, que se acrescenta às dores corporais e àquelas por perdas e preocupação com o futuro, mas também uma nova modalidade de sofrimento; é uma dor em *si*, no sentido estrito de que o indivíduo sofre em virtude daquilo que está em suas mãos, a autoativação.

Por isso, é muito filantrópico que alguns filósofos, apontando para o nexo causal universal, queiram apresentar o fenômeno do livre-arbítrio –"eu teria conseguido agir de modo diferente"– como uma ilusão. Não estaríamos todos muito melhor se nada mais exigíssemos dos outros e de nós mesmos e se deixássemos de recriminar a nós mesmos ou reciprocamente? Todavia, a capacidade de se autoativar é um fenômeno biológico real de nossa espécie, mesmo que não entendamos agora ou que talvez jamais venhamos a entender seu funcionamento fisiológico. Negá-lo só porque ele é condicionado pela causa (ver pp. 54-5) ou porque o limite em relação à compulsão não está bem demarcado (p. 62) é uma ilusão que certamente só pode ter surgido porque se consideraram apenas as repercussões da pressuposição da liberdade sobre os sentimentos recíprocos e sobre o direito penal, e não aquela sobre a relação consigo mesmo. Se se quisesse ignorar a capacidade de autoativação, então também seria negada a capacidade que o indivíduo tem de propor a si mesmo a realização de objetivos e de querer fazer bem alguma coisa. Logicamente, é impossível querer realizar objetivos quando também não se pode errá-los, e é impossível querer fazer bem algo quando também não se pode fazê-lo mal. É igualmente impossível querer fazer bem algo quando não se lamenta fazê-lo mal e, portanto, não se possui o afeto correspondente.

Portanto, além da preocupação, obviamente a capacidade de autoativação e o sofrimento por causa dela pertencem, como componentes estáveis, à egocentricidade dos que dizem "eu". Do mesmo modo que a preocupação consigo mesmo e com os outros leva a uma série de novas emoções que os outros animais não possuem – particularmente aquelas que se referem ao futuro –, a capacidade de autoativação também produz uma série de emoções novas, em especial relacionadas ao próprio indivíduo: relacionadas ao fato de eu me considerar bom ou mau (aos olhos ou aos possíveis olhos dos outros), de valor ou não, porque faço ou fiz algo bom ou ruim. Em resumo, são emoções como a vergonha de si mesmo e o orgulho que a compensa.

Para entender isso corretamente, temos de ir além do que foi dito no capítulo 2 ao retomarmos a pergunta: "O que significa ter algo bom em vista quando agimos?" No presente capítulo, nem sempre ficou claro o que se queria dizer com o termo "bom". Temos de distinguir diversas formas do "bom" relativo à ação e esclarecer como elas se relacionam. Neste capítulo, tentei resgatar para a compreensão do "eu" aquilo que no capítulo anterior fora alcançado em relação ao "bom". No próximo capítulo, por sua vez, será preciso resgatar para o "bom" o que neste foi dito sobre o "eu".

CAPÍTULO 4
O BOM DO PONTO DE VISTA ADVERBIAL, PRUDENCIAL E MORAL; HONESTIDADE INTELECTUAL

Começo com uma recapitulação. No primeiro capítulo, tentei mostrar como a proposicionalidade da linguagem humana se relaciona com a nossa capacidade de refletir e de perguntar por razões (a racionalidade). A relevância da palavra "eu" parecia, inicialmente, restringir-se ao problema da referência. No terceiro capítulo, mostrei que a reflexão e a racionalidade somente são possíveis a partir da perspectiva de alguém que diz "eu" enquanto alguém que diz "eu". Ao mesmo tempo, apresentei uma capacidade própria daquele que diz "eu" como tal e que designei como capacidade de autoativação (naturalmente, trata-se apenas de uma palavra), pertencente não apenas à capacidade de refletir, mas também à maioria das ações humanas, que posteriormente chamei de atividades do "eu". Essa capacidade está intimamente ligada à orientação ao bom. Como resultado, obteve-se uma relação complexa, mas uniforme, entre proposicionalidade, reflexão, confrontação daquele que diz "eu" consigo mesmo e capacidade de orientar-se ao bom. Desse complexo também faz parte aquilo que se constatou ao final do capítulo anterior, a saber, que os que dizem "eu" estão expostos a críticas (para dizê-lo de maneira talvez mais neutra comparativamente ao termo "recriminação"). Portanto, não apenas porque são racionais, mas porque, enquanto aqueles que dizem "eu" visam ao bom em sua ação, os seres vivos racionais são aqueles animais capazes de criticar a si mesmos e mutuamente.

No âmbito dessa estrutura, a orientação ao bom parece-me ser o elemento que mais carece de esclarecimento. Em relação ao que temos tratado, dentre os vários usos da palavra[1], somente aqueles nos quais se fala do "bom" como objetivo, da ação serão levados em conta. Contudo, o significado especial em que introduzi o discurso sobre o bom como objetivo da ação no segundo capítulo – a saber, como meta [*Zweck*], para o pensamento instrumental – é insuficiente para a completa compreensão do bom relativamente à ação. E isso não só porque, no que tange aos que dizem "eu", as metas se dividem de diferentes maneiras (cf. pp. 33 s.), mas também porque aquele primeiro significado do objetivo da ação – como meta – é apenas um entre outros. Aquilo que a tradição filosófica distinguiu como bom normativo para a ação refere-se especialmente ao bom do ponto de vista prudencial e ao bom do ponto de vista moral. Entretanto, a falta de clareza sobre a relação entre esses dois conceitos e a existência de outro sentido para o bom como objetivo da ação, que denominarei "bom do ponto de vista adverbial", são fatos que, devido à preocupação primária com o moralmente bom, continuam sem a devida consideração.

Para este capítulo, tenho a seguinte programação: em primeiro lugar (seção I), preciso esclarecer o que entendo

---

1. Cf. meu texto *Vorlesungen über Ethik*, pp. 49 ss., e, para uma exposição mais detalhada e fundamental, V̲o̲n̲ W̲r̲i̲g̲h̲t̲, G. H. *The Varieties of Goodness*. Londres, 1963.

por bom do ponto de vista adverbial. Em seguida (seção 2), há que se aclarar como a relação entre o bom do ponto de vista prudencial, adverbial e moral deve ser vista. Em terceiro (seção 3), aquilo a que se refere o segundo dos dois significados de reconhecimento, diferenciados no segundo capítulo (pp. 42 s.), é o bom do ponto de vista adverbial, isto é, o reconhecimento no sentido de apreço e desapreço. Essas considerações complementarão aquele aspecto da egocentricidade do qual falei no capítulo anterior ao tratar da vulnerabilidade à recriminação. Em quarto lugar (seção 4), a temática do reconhecimento enseja lançar uma nova luz sobre um fenômeno curioso e até então não esclarecido: a honestidade intelectual. No final do capítulo (seção 5), voltarei ao problema da autorrelativização, ao qual já me referi no final do capítulo 2.

1

Para tornar compreensível o que pretendo dizer com bom do ponto de vista adverbial, posso partir novamente de uma comparação com os outros animais, desta vez no tocante ao modo de aprender. Os filhotes de outras espécies aprendem como devem reagir ao que determinada situação lhes apresenta. Embora isso também ocorra com as crianças, é apenas uma fração do que elas aprendem, uma vez que a prática dos que dizem "eu" é muito mais independente das situações. O principal para elas é adquirir a prática de atividades. Assim, o que se aprende é sempre como praticar bem a atividade do momento ou melhorá-la. Isso vale até mesmo para aquelas atividades que animais de outras espécies também aprendem. Um animal aprende a realizar essas atividades de acordo com determinada situação; um ser humano aprende a realizá-las bem e melhor. As atividades de cada momento estão por algo independente da situação e, em vez do correto, relativo à situação, surge uma escala de excelência que é independente dela. Isso sempre vale para as várias atividades sem equivalente entre os outros animais, como falar, calcular, dançar, exercitar habilidades manuais e, finalmente, desempenhar funções como a de professor ou advogado. Em todas as atividades humanas, como bem formulou Iris Murdoch, pode-se falar em *degrees of excellence*[2], portanto, em uma escala que vai do "pior" ao "excelente" passando pelo "melhor", e que está sempre aberta em seu topo. Assim, tão logo o critério para uma ação correta deixe de ser determinado pela situação, duas coisas ocorrem: primeiro, a ação se decompõe em diversas atividades que se destacam por si só; depois, cada uma dessas atividades aparece em uma escala de "bom" e "melhor".

Poderíamos perguntar por que justamente uma escala de "bom" e "melhor". Muitas das atividades, como as manuais e o exercício de determinadas funções, têm, sobretudo, um caráter funcional-instrumental. Desse modo, podemos dizer que se trata de realizar uma função instrumental tão bem quanto possível. Contudo, esse esclarecimento vale para muitas atividades, em especial as artísticas, de maneira apenas parcial, mas não vale para nenhuma em sua totalidade. Não tenho nenhuma teoria satisfatória sobre o bom do ponto de vista adverbial[3], mas talvez aqui baste dizer que se trata sempre de como semelhante ação é intersubjetivamente avaliada. É uma questão de ordem de preferência, que, do ponto de vista do conteúdo, pode basear-se em diferentes razões, mas

---

2. MURDOCH, I. *The Sovereignty of Good*. Londres, 1970, p. 61.

3. Wright discute alguns aspectos do adverbialmente bom sob o título de "technical goodness" no segundo capítulo, §§ 9-12.

que sempre requer uma avaliação intersubjetiva: dependendo do nível de "bom" que atingir, a ação será reconhecida intersubjetivamente, no sentido de "avaliada", como boa ou ruim. Mesmo quando a atividade tem um caráter instrumental, aquele que a realiza também se esforça. Um relojoeiro, por exemplo, esforça-se não apenas para fazer bons relógios, mas também para desempenhar sua atividade de tal modo que seja digno de reconhecimento. Formulações como "bom relojoeiro" sugerem que esse modo de ser bom tem caráter atributivo, isto é, bom relojoeiro é análogo a bom relógio. Entretanto, entender o bom de modo funcional não é cabível a qualquer atividade. Cabe, no entanto, a todas aquelas em que o agente queira realizá-las bem (não importa o que isso queira dizer. No caso das atividades artísticas, é claro que não há nenhuma resposta fácil a isso). Em todas essas atividades, é possível dizer a si mesmo que se poderia tê-las realizado melhor. Parece, pois, fazer mais sentido caracterizar o bom em questão como adverbial e ver o discurso atributivo como secundário.

Estamos novamente diante de um fenômeno evidente como fato, mas que pode nos causar espanto. É impressionante que não apenas a maior parte do aprendizado humano seja, em grande medida, uma prática do adverbialmente bom, mas também que seja tão importante para o ser humano desempenhar bem as atividades ao longo da vida. É grande a participação que isso tem nas coisas que os adultos e as crianças fazem por vontade própria[4]. Portanto, não é verdade, como se poderia pensar a partir do que descrevi no capítulo 2, que fazemos todo tipo de coisa para facilitar nossa vida presente e futura e a vida

---

4. Cf. também o que J. Rawls expõe sob o (curioso) título "The Aristotelian principle" [O princípio aristotélico] (*Theory of Justice*, § 65).

dos outros – também em colaboração com eles e exercendo diferentes papéis –, mas que, quando não somos obrigados a fazer isso, nos deixaríamos guiar apenas pelas sensações imediatas de agradável e desagradável. Ao contrário, mesmo fora e até dentro do âmbito do fazer instrumental, somos sempre orientados ao bom, em relação ao qual podemos colocar nossa autoativação à prova. Por um lado, a motivação se baseia na necessidade que o indivíduo tem de ser reconhecido como bom, e a isso voltarei mais adiante. Por outro, também vale notar o quanto nosso prazer passivo consiste em conseguir acompanhar como os outros fazem bem aquilo que fazem.

2

Como se comporta o adverbialmente bom em relação ao prudencialmente bom (o que é bom para mim)? E onde, em meio à totalidade dos possíveis objetivos da ação, podemos situar o moralmente bom?

Quanto ao moralmente bom, estamos em uma tradição menos feliz na filosofia ocidental moderna. Na Antiguidade, parecia óbvio que, quando se falava *do* bom, o que se tinha em mente era o prudencialmente bom. Poderíamos pensar que isso se deva simplesmente ao fato de que outra palavra era usada para a moralidade (*kalón*, "belo"). A questão, porém, não é terminológica. (Do mesmo modo, não é relevante se, no que se refere à moral, algumas modernas correntes éticas – como em Habermas ou no utilitarismo –, é usada outra palavra, tal como "correto".) Em suas reflexões fundamentais e em contraste com o uso ordinário do termo, Platão adotou o discurso do bom exclusivamente para o ponto de vista prudencial (cf. *A República*, 505d). Essa opção foi, antes, uma consequência de sua problemática. Contra o conceito de moral autoritária tradicional, ele queria mostrar que a motivação moral estava fundada no que é bom para o indivíduo, isto é, no prudencialmente bom, entendido da maneira correta. Na verdade, essa concepção é evidente e só foi colocada em dúvida por uma nova moral autoritária: a cristã. Na perspectiva cristã, a moral não é deste mundo. Evidentemente, os mais importantes precursores da ética moderna, Kant e Bentham, não tinham condições de ver a moral de outro modo que não na franca contradição com o prudencialmente bom, na qual havia sido colocada pela tradição cristã. Em Kant, isso se deveu ao fato de que a "razão pura" entrou no lugar do fundamento teológico. Já Bentham (à diferença de Hume) simplesmente deixou em aberto quais eram as raízes morais que serviam de base para sua reflexão, e a partir de Sidgwick passou a ser comum considerar a consciência moral existente uma instância de apelação para aquilo que se deveria entender por moral. Embora não se tenha refletido a respeito, essa consciência derivava da tradição cristã. Quanto a essa questão, nada se pode fazer além de retomar a tradição antiga de uma maneira ou de outra. Como aqui a moral é tratada apenas como um fenômeno antropológico em geral, e não como a moral "correta", não se pode definir se sua fundamentação é autoritária ou de outra ordem.

Penso que o moralmente bom seja um caso, por certo especial, do adverbialmente bom. Com base no esclarecimento apresentado por John Rawls no § 66 da *Theory of Justice*, o moralmente bom pode ser definido como aquele que se comporta tal como exigimos uns dos outros[5]. Em Rawls, o "nós" nos representa hoje ou em geral,

---

5. Para o que segue, cf. *Vorlesungen über Ethik*, pp. 56 ss., e (mais correto, contudo, menos completo) *Aufsätze 1992-2000*, pp. 163 s.

mas, se quisermos entender a definição em termos antropológicos, ele representaria uma comunidade moral qualquer. O moralmente bom se diferencia dos outros bons do ponto de vista adverbial porque as exigências são recíprocas e incondicionais. Por "incondicionais" entendo não a incondicionalidade kantiana (um "ter de" supostamente incondicional), e sim que aquilo que é moralmente exigido não depende da vontade de realizar ou não essa atividade. Ao contrário, todos os membros da comunidade exigem uns dos outros que, independentemente do que façam, não devem agir de maneira imoral. Com respeito aos adverbialmente bons, as exigências são condicionais, e não mútuas. Todos exigem de alguém que, por exemplo, toca violino ou joga futebol, que desempenhe bem sua atividade – esse é o aspecto geral do reconhecimento intersubjetivo do adverbialmente bom –, e ele é admirado quando o faz com excelência; mas não se exige dele que sua principal atividade seja tocar violino ou jogar futebol (e, por certo, isso não é exigido reciprocamente). Em contrapartida, em toda sociedade os indivíduos exigirão uns dos outros que sejam moralmente bons ou, pelo menos, que não sejam maus. A isso se relaciona o fato de que, no "moralmente bom", não é preciso nomear um aspecto específico, segundo o qual o indivíduo é bom; tampouco um substantivo ao qual o "bom" pertença como atributo, pois o aspecto se define pelo fato de que a exigência é recíproca[6].

De maneira um pouco menos precisa, poderíamos ilustrar do seguinte modo a diferença entre o moralmente bom e os demais bons do ponto de vista adverbial: nas sociedades humanas existe uma divisão de trabalho. Uns

---

6. Eu ainda não tinha esclarecido essa questão em minha obra *Vorlesungen über Ethik*, p. 56.

são carpinteiros, outros, agricultores, outros ainda, cantores etc. De cada um, todos esperam que sejam bons naquilo que fazem, mas todos esperam dos demais que sejam bons naquilo que exigem uns dos outros.

Não creio que a diferença entre o moralmente e os demais bons do ponto de vista adverbial seja tão grande a ponto de se considerar que aquele não pertence à categoria destes. Quem desempenha mal uma atividade que lhe é importante acaba por se envergonhar. Do mesmo modo, quem fere o moralmente bom se envergonha, desde que não seja "desavergonhado". Vergonha é o sentimento de perda de valor aos olhos (ou possíveis olhos) dos demais[7]. Isso mostra que, tanto em relação ao moralmente bom, como em relação aos outros bons do ponto de vista adverbial, trata-se de um critério intersubjetivo. De modo geral, a vergonha não pertence ao prudencialmente bom, mas tampouco tem lugar em uma concepção de moral que, como a kantiana, fala de um "ter de" absoluto.

Entretanto, o moralmente bom é um tipo especial de adverbialmente bom. Por isso, não se trata de uma vergonha qualquer, e sim de uma vergonha especificamente referida ao bom do ponto de vista moral e que se exprime quando o sentimento de vergonha se vincula ao de culpa[8]. Na moral, o sentimento é não apenas de vergonha, mas também de culpa. Isso se deve ao fato de que a rea-

---

7. Cf. TAYLOR, G. *Pride, Shame and Guilt*. Oxford, 1985.
8. A vergonha chega ainda mais longe do que o adverbialmente bom. Os seres humanos se envergonham aos olhos ou possíveis olhos alheios por qualquer coisa que lhes pareça ruim em sua própria pessoa; por exemplo, por (suposta) feiura, mas também por (supostos) defeitos de seus parentes. Contudo, não apenas a vergonha moral, mas também toda vergonha ligada ao fracasso em atividades importantes para um indivíduo têm uma força especial devido à sua relação com a autonomia e com a vulnerabilidade à recriminação a ela vinculada.

ção dos outros, no caso da moral, é não apenas o menosprezo, mas também um tipo de indignação, pois quando o sistema de exigências mútuas é abalado, toda a comunidade moral é afetada. É como se se puxasse o tapete dos demais membros da comunidade moral.

Como entender, então, a relação do moralmente bom com os demais bons do ponto de vista adverbial, por um lado, e com os bons do ponto de vista prudencial, por outro? Pode-se, de antemão, esclarecer que o adverbialmente bom, assim como o moralmente bom, precisa ter um lugar – para dizer de maneira cautelosa – no bom do ponto de vista prudencial, pois, caso contrário, não poderiam servir de motivação. Por outro lado, toda atividade tem sua escala de melhor e pior, com suas próprias justificativas.

Inicialmente, prefiro desconsiderar o moralmente bom. Para todos os outros bons do ponto de vista adverbial, também vale o seguinte: qualquer pessoa que queira praticar uma atividade (e, nesse caso, sempre irá querer praticá-la bem e melhor) terá de seguir *as* regras que valem para essa atividade, e *não* aquelas que seriam determinantes para seu bem-estar. Por exemplo, quem dança se submete às regras da dança, e, se quiser se tornar um grande dançarino, não pensará no que seria melhor para si próprio, e sim em como poderá aperfeiçoar sua dança. O mesmo vale para todos os casos do adverbialmente bom, incluídos aqueles nos quais o que torna um modo de ação melhor ou pior é amplamente determinado por perspectivas instrumentais, como no caso de um artesão ou de um engenheiro, de um professor ou de um advogado, em que, portanto, o critério de "bom" é, em grande parte, o critério de "bom para". Mesmo nesse caso, normalmente o "para" não se refere ao bem-estar do agente, e sim ao dos outros. Fosse a relação do adverbialmente bom com o prudencialmente bom a de um meio para um objetivo, não precisaríamos falar do adverbialmente bom como um sentido próprio do bom. A relação com o prudencialmente bom é outra. Por exemplo, quem estabelece como meta para si próprio ser um bom pintor (ou qualquer outra coisa), acaba *definindo* uma parte de seu bem-estar prudencial com essa atividade, no mesmo sentido em que outra parte dele pode ser definida por outras metas que ele venha a estabelecer para si mesmo, como passear ou ver partidas de futebol.

O moralmente bom também tem sua própria justificativa, que, certamente, é diferente da de outros bons do ponto de vista adverbial[9]. Também nesse caso pode-se dizer o seguinte: se alguém quiser ser moral (ou quiser sê-lo em determinada medida), irá definir o ser moral como uma parte de seu bem-estar prudencial. Essa concepção distingue-se daquela de Platão e Aristóteles apenas em dois aspectos: em primeiro lugar, a moral precisa ser apenas uma parte do prudencialmente bom; em segundo, o indivíduo pode ter autonomia para decidir se e até que ponto quer ser moral. Apesar da semelhança parcial com outros modos do adverbialmente bom, a moral se diferencia deles em virtude da reciprocidade e, além disso, pelo fato de que, em muitas concepções morais, trata-se não tanto de ser bom, mas de não ser mau (não ser imoral como condição mínima para qualquer ação).

---

9. Cf. meu ensaio "Wie sollen wir Moral verstehen?", in: *Aufsätze 1992-2000* ["Como devemos entender a moral", in: *Philosophos*, v. 6, nº 1 e 2, 2001). Em contrapartida, considero errôneo muito do que antes falei sobre moral. Acerca da relação com o prudencialmente bom, cf. também "Wir sind nicht fest verdrahtet", no mesmo volume ["Não somos de arame rígido: o conceito heideggeriano de 'agente' e as dimensões de profundidade", in: *Não somos de arame rígido*. Canoas, Ulbra, 2002].

3

No segundo capítulo, deparamos com a necessidade dos que dizem "eu" de se sentirem importantes, sobretudo para os outros. Agora estamos diante do segundo dos dois significados de reconhecimento distinguidos por Todorov (cf. pp. 42 s.), qual seja, o reconhecimento como bom ou ruim (apreço e desapreço). Esse reconhecimento sempre se refere às ações que podem ser realizadas de maneira melhor ou pior; mais precisamente, ele se refere àquele que as realiza. Ao ser reconhecido como bom ou ruim, quem realiza a ação sente o aumento ou a diminuição de sua importância. Com base no apreço ou desapreço que recebe, sente que tem valor ou não. Ser importante ou desimportante, assim como ter valor ou não, são qualidades que, por se referirem às atividades do "eu", são atribuídas ao que diz "eu" *como* tal – ele próprio – e assim são sentidas por ele.

Podemos agora complementar as argumentações apresentadas no final do capítulo anterior sobre os aspectos da egocentricidade dos que dizem "eu", aspectos esses que também resultaram do envolvimento dos que dizem "eu" com sua autoatividade. No capítulo 3, não cheguei a distinguir os diferentes modos de ser bom, aos quais o que diz "eu" está orientado em sua ação. Para aquele que diz "eu", qualquer erro que o faça sentir-se culpado pode lhe ser doloroso. Quando comete algum erro, mesmo no campo puramente prudencial, o que diz "eu" pode dizer a si mesmo que fez algo ruim. Porém, somente no âmbito do adverbialmente bom ele é considerado ruim pelos outros com respeito ao que fez. Segundo os outros, ele será alguém ruim em determinados aspectos, e ele próprio dirá a si mesmo: sou ruim nesse aspecto. No caso especial da moral, faltará até mesmo esse acréscimo, e se dirá: "Ele é uma pessoa ruim", "eu sou ruim". Além do simples fato de que o indivíduo pode fazer críticas a si mesmo, ele experimenta uma perda de valor. Afetivamente, contanto que o prudencial já não esteja, como muitas vezes é o caso, enredado em avaliações adverbiais e até morais, um erro no âmbito prudencial significa simplesmente, na perspectiva ativa, irritação e, na perspectiva passiva, pesar. No âmbito puramente prudencial, o pesar ainda não está em uma dimensão intersubjetiva. Contudo, se o erro for adverbialmente ruim e tiver sido cometido diante de outras pessoas ou for reconhecível por elas, então quem o cometeu sentirá vergonha. Este é o sentimento da perda de valor aos olhos dos demais. Se o erro não é percebido pelos outros, sente-se então uma variante da vergonha, pois eles poderiam tê-lo percebido. Nesse caso, sente-se uma perda de valor aos possíveis olhos dos outros. E, se o erro for moralmente ruim, então quem o cometeu sentirá não apenas vergonha, mas também culpa (e isso significa que ele antecipa não apenas o desapreço, mas também a indignação dos outros). No tocante à culpa, existe a mesma variante do caso da vergonha, quando os outros não percebem o erro.

A egocentricidade dos que dizem "eu" agrava-se, pois, não apenas por conta da preocupação com as recriminações que eles podem fazer a si mesmos, mas também por conta da preocupação com a perda de valor, com a crítica e com a indignação que podem receber dos outros e que, por sua vez, são interiorizadas. Esse é o medo da vergonha e da culpa.

Embora todo adverbialmente bom se refira ao ato de ser reconhecido, ele não se esgota nisso. Aqui surgem dois problemas. O primeiro está na seguinte questão: até que ponto o indivíduo consegue fazer algo com prazer sem ser totalmente orientado pelo aplauso dos outros, até mesmo em sua imaginação? Analogamente, pode-se perguntar: será que uma pessoa não é capaz de querer agir moralmente, ou pelo menos não de modo imoral, sem ser motivada pelo reconhecimento ou, até mesmo, pelo possível reconhecimento dos outros? Qual seria o sentido disso na moral? Provavelmente, significaria que a pessoa age com prazer, do mesmo modo como ela quer que todos ajam. Quero deixar essa questão em aberto. Em todo caso, na maioria das vezes, estes dois aspectos – fazer alguma coisa com prazer e querer ser reconhecido (pelo menos na imaginação) – estão ligados. O querer ser reconhecido funciona sempre como um reforço, e de ambos, do fazer e do querer ser reconhecido, pode-se dizer que é possível querê-los em interesse próprio e que constituem uma parte do bem-estar prudencial.

O problema mais importante em meu contexto é o segundo: ao ser reconhecido como bom ou ruim, o que diz "eu" – à diferença do que ocorre na primeira forma de reconhecimento – entra no campo de forças das avaliações que não são subjetivas, mas requerem objetividade e, nesse sentido, apontam para além de si mesmos. Reconhecer um fazer como bom significa julgar que ele é bom (os que reconhecem podem equivocar-se). Em virtude disso, a pessoa em questão depara com uma possível divisão de sua motivação e, por conseguinte, também de sua ação. Ela pode considerar a opinião dos outros de que seu fazer é bom ou ruim ou dar um peso maior ao ser bom ou ruim em detrimento do parecer bom ou ruim. Essa distinção entre ser e parecer é diferente daquela discutida no parágrafo anterior. Nele, tratava-se de saber se poderia haver um motivo para uma ação desse tipo, independentemente de qualquer referência ao fato de o indivíduo ser reconhecido. Agora, ao contrário, trata-se de uma distinção que diz respeito à própria dimensão do ato de reconhecer.

Adam Smith chamou a atenção para essa diferença no início da terceira parte de sua *Theory of Moral Sentiments* [Teoria dos sentimentos morais]. Segundo ele, pode-se querer ser *apreciado*, mas também se pode querer ser e agir de modo *digno de apreço*. Adam Smith faz essa diferença até para o reconhecimento subjetivo (que sempre contém componentes objetivos). Para ele, pode-se querer ser *amado*, mas também se pode querer ser *digno de amor*.

Neste momento, estamos diante de uma compreensão do bom/ruim que não é independente da dimensão do ser reconhecido; ao contrário, ela independe do ato efetivo de reconhecer. Dado que o reconhecimento é um ato de considerar boa alguma coisa, a diferença entre opinião e ser está implícita nele. Quem reconhece *julga* que aquilo que reconhece é bom; portanto, julga que é *digno de reconhecimento* (digno de apreço). É exatamente o que fazemos em relação a nossas opiniões, quando julgamos que elas são verdadeiras. Por saber dessa duplicidade do reconhecimento e por compreender que aquele que reconhece só está exprimindo uma opinião, e que é a partir do sentido dessa opinião que se deve distinguir entre o ser apreciado e o ser digno de apreço, aquele que é reconhecido acaba por ver-se diante de dois caminhos: aceitar a aprovação (ou o desapreço) que efetivamente recebe ou orientar-se por seu próprio julgamento e determinar se o que faz é bom (digno de apreço). No reconhecimento, portanto, essa duplicidade está apenas implícita. Já para aquele cuja atividade é objeto de reconhecimento, essa duplicidade faz com que sua motivação possa ser determinada mais por um lado – a aprovação ou falta dela –, ou mais por outro – a referência independente ("autônoma") ao bom.

Com certeza, há muitos campos de atividade em que essas duas vias – orientar-se pelo ato de ser apreciado ou por aquele de ser digno de apreciação – não podem ser claramente diferenciadas uma da outra, pois, nelas, o que é bom não representa problema algum. Em um esporte, por exemplo, é a competição que decide quem é bom ou melhor. Por isso, é difícil distinguir entre a motivação pelo querer ser bom e aquela pelo querer parecer ser bom. Em atividades "criativas", isso se dá de outra forma, pois, no âmbito da criatividade, o critério para o "bom" não é dado de antemão, assim como não pode ser decidido com um procedimento objetivo. Nesse caso, cabe à própria atividade refletir sobre como ela pode ser exercida da melhor maneira. Por isso, as atividades que nas artes e nas ciências são orientadas pela aprovação e as que são orientadas pelo bom podem contrapor-se como alternativas umas às outras, naturalmente nas mais diversas combinações.

Porém, a orientação autônoma pelo bom, digamos, na atividade artística, também permanece no círculo do reconhecimento intersubjetivo. Em primeiro lugar, o artista que não se deixa levar pela moda visa a um bom que deve encontrar um reconhecimento intersubjetivo; do contrário, perderia o caráter objetivo-intersubjetivo que lhe cabe. Em segundo, justamente aquele que não se orienta por modismos, mas que busca o bom de modo independente, encontra especial valorização intersubjetiva.

A moral também pertence àqueles campos de atividade nos quais ambas as vias de orientação – orientar-se por aquilo que é considerado bom em meu meio e pelo questionamento autônomo sobre o bom – podem separar-se. Na moral, o modo como o que diz "eu" se coloca entre o ser e o parecer complica-se ainda mais devido à diferença, mostrada por Platão no livro 2 de *A República*, entre a motivação de ser moral e a motivação de parecer moral. Contudo, somente no âmbito do ser moral é que se produz a outra diferença que apontei nos outros casos do adverbialmente bom. O moralmente bom sempre se refere a exigências mútuas. Todavia, o que é exigido mutuamente – o que deve valer como moralmente bom – pode ser interpretado como certo ou errado, ser bem ou mal justificado. Desse modo, chega-se aqui à mesma diferença entre o que é efetivamente considerado bom na comunidade moral e o que pode ser visto pelo indivíduo como bem justificado. Por conseguinte, no caso da moral, isso leva a dois conceitos de consciência: um convencional e outro autônomo. Aquele que pensar a moral de um ponto de vista autônomo se sentirá culpado apenas quando ferir normas que considerar bem fundamentadas. Mesmo quando não for desprezado e quando, à luz das normas vigentes, não tiver agido de maneira desprezível, poderá considerar sua ação desprezível e vice-versa. Em contrapartida, um conceito de culpa autônoma que se destaque[10] completamente da dimensão do reconhecimento intersubjetivo – neste caso, portanto, da indignação compartilhada – não me parece ter sentido.

Poderíamos perguntar: se a aprovação dos outros representa para os que dizem "eu" um aumento de autoestima – de importância – e, portanto, se ela é prazerosa, de onde eles irão tirar motivação para se tornar independentes da aprovação e se orientar autonomamente pelo bom? A resposta pode ser o que já mencionei: justamente essa orientação autônoma pelo bom suscita, pelo menos *in abstracto*, admiração geral. Por conseguinte, a orientação da atividade pelo bom e a independência da aprovação dos

---

10. Uma diferença desse tipo entre consciência autônoma e consciência autoritária encontra-se em FROMM, E. *Man for Himself* (versão alemã: *Psychoanalyse und Ethik*).

demais se dão porque o indivíduo pensa que, justamente assim, será digno da máxima aprovação. No entanto, essa justificativa carece de esclarecimento. Vale a pena aprofundar-se com especial atenção nesse modo peculiar de ser, pois não creio que, em regra, ele tenha sido classificado corretamente. Estamos diante da virtude incorporada por Sócrates: a honestidade intelectual.

4

Fala-se em honestidade intelectual quando uma pessoa não pretende saber mais do que sabe e quando se esforça para não considerar suas opiniões mais fundamentadas do que são. Esse modo de ser é, pois, o que Nietzsche formulou de modo mais simplificado como vontade de verdade.

Creio que essa atitude deva ser vista como um caso especial da segunda via anteriormente mencionada; portanto, como a daquele que quer fazer algo bom e não se deixa levar pela aprovação ou pelas opiniões dos demais, mas que se pergunta, de modo independente, como pode fazer o que faz da melhor maneira possível. A pergunta sobre a verdade (ou sobre a justificação) das opiniões também é um fazer, de sorte que se pode dizer o seguinte: aquele que é intelectualmente honesto orienta-se de modo independente por aquilo que, em sua área, é o melhor. Em todas as atividades criativas existe um modo de ser análogo ao que, em relação ao próprio sistema de opiniões, isto é, ao sistema teórico, corresponde à honestidade intelectual. A conduta moral autônoma também é um modo de ser desse tipo. Como não conheço nenhum termo para esse modo de ser em geral, usarei a expressão "honestidade intelectual" em sentido amplo. Quando necessário, farei uma distinção entre honestidade intelectual em sentido estrito e em sentido amplo. Assim, de artistas como Van Gogh e Cézanne, por exemplo, que não se orientaram pela moda nem pela aprovação, mas procuraram com independência exercer da melhor maneira sua atividade, pode-se dizer que são exemplos de honestidade intelectual.

Geralmente, a honestidade intelectual é vista como uma virtude. Mas por quê? A compreensão usual de que todas as virtudes são morais levava a pensar a honestidade intelectual (no sentido usual estrito) como uma virtude moral. Essa concepção foi difundida, sobretudo, por Nietzsche[11]. Todavia, ela não é plausível. Em primeiro lugar, porque a honestidade intelectual não aparece efetivamente nos sistemas morais conhecidos ou, na melhor das hipóteses, aparece de maneira marginal; em segundo, porque virtudes morais dizem respeito à consideração pelos outros; em terceiro, porque se pode aplicar a máxima da honestidade intelectual precisamente à moral (e não está muito claro como isso deveria ser uma exigência moral).

Uma indicação importante está em Iris Murdoch. Ela é uma das poucas que se ocupou do adverbialmente bom e defende a opinião de que, para todas as atividades que podem ser feitas de modo melhor ou pior, a virtude é necessária. Contudo, para ela, as virtudes necessárias para essas atividades são as mesmas que as virtudes morais tradicionais[12].

Mas essa concepção não é satisfatória. Para avançarmos, temos de partir de um conceito claro de virtude que não esteja calcado naquele de "virtude moral". Por si e em si, o conceito de virtude é mais amplo, e, pelo menos desde Hume, distingue-se virtude moral de virtude pruden-

---

11. Cf. *Morgenröte*, prefácio, § 4, *Fröhliche Wissenschaft*, § 344.
12. *Op. cit.*, pp. 86, 89 s.

cial. Pretendo partir das considerações sobre o conceito de virtude que se encontram no capítulo 7 da obra *Varieties of Goodness* (Londres, 1963), de Von Wright.

O autor remete, sobretudo, a Aristóteles, mas também segue a tradição de Hume. Em relação a Aristóteles, isso significa não apenas uma diferença na classificação das virtudes, mas também uma diferença na compreensão estrutural daquilo que, de maneira geral, constitui uma virtude. Curiosamente, hoje é opinião corrente que a doutrina aristotélica da virtude se baseia em uma concepção "teleológica". Mas o que acontece é justamente o contrário. Quando Aristóteles aplicou a palavra *areté* aos humanos, excluiu os elementos teleológicos que o termo tinha em grego, especialmente quando era evidente que se tratava, em termos teleológicos, da *areté* (ser bom) de um utensílio. E é justamente o aspecto teleológico que Von Wright reclama *contra* Aristóteles.

Inicialmente, Wright segue Aristóteles em sua determinação geral de entender as virtudes como disposições de conduta com respeito a nossas emoções (pp. 145-7). Porém, enquanto Aristóteles sustenta que esse comportamento em relação às emoções concerne a seu equilíbrio interno, e não a um *telos* situado fora delas (um "meio" que *não* deve ser entendido do ponto de vista funcional; *Ética a Nicômaco*, II, 6, 1106 a 27-b7), Von Wright acentua que, na virtude, o que está em jogo é sempre o bem-estar dos seres humanos, seja o próprio (nas virtudes prudenciais, como a valentia e a moderação), seja o alheio (nas virtudes morais, como a benevolência e a justiça). O "papel da virtude", ou seja, sua função – ao contrário de Aristóteles, Von Wright insiste em sua função – seria neutralizar os "efeitos obscurantes" que os afetos podem ter quando nos orientamos pelos objetivos da reflexão – o bem-estar próprio e o alheio (p. 147).

Essa concepção pode ser integrada ao que expus no capítulo 3 do seguinte modo: virtudes são disposições de que aquele que diz "eu" necessita para poder se orientar por aquilo que, para ele, é a medida do bom e contra as resistências ou distrações da passividade emocional em si[13].

Esse resultado da concepção de Wright, a saber, de que as virtudes são as disposições necessárias para o indivíduo conseguir se contrapor aos "efeitos obscurantes" da passividade e orientar-se por aquilo que considera bom, é o que agora pode ser facilmente convertido no bom do ponto de vista adverbial. O bom não é o bem-estar próprio nem o alheio, mas consiste em realizar cada atividade da melhor maneira possível.

Analogamente à virtude prudencial ou moral, não existe uma virtude uniforme do adverbial. Sem dúvida, as virtudes prudenciais, em especial a valentia e a moderação, mas também a paciência, a perseverança e outras do gênero, são necessárias para tudo o que for adverbialmente bom, assim como o são para o moralmente bom. Essas virtudes também são necessárias para quem ambiciona objetivos meramente egoístas, como o poder, o dinheiro e, por certo, igualmente a fama, pois são a condição para se alcançar qualquer objetivo que exija particular esforço e perseverança.

---

13. O próprio Wright não menciona o dizer "eu". Creio que ainda mais digno de nota seja o fato de que Aristóteles, no qual a referência a um eu quase nunca ocorre, a faz quando trata de esclarecer as virtudes. Ele escreve: "As *hexeis* – este é seu coletivo para virtudes e vícios – são aquilo que nos (!) leva a nos comportarmos bem ou mal em relação aos afetos" (*Ética a Nicômaco*, II, 5, 1105b25 s.). A menção ao "nós" só pode ser interpretada como uma referência ao "eu". Sou sempre eu (quem ou o que mais poderia ser?) aquele que se comporta bem ou mal em relação a seus afetos. Por certo, esse aspecto pode ser facilmente incorporado à concepção de Wright. Ele é independente da diferença discutida acima.

Além das virtudes prudenciais, não se pode mencionar nenhuma virtude especial que seja necessária para tudo o que for adverbialmente bom. Em contrapartida, uma virtude especial é totalmente necessária caso os dois motivos seguintes possam separar-se: (1) ser o melhor possível e (2) obter reconhecimento. Eles não apenas se separam, como aquele que se orienta de modo independente pelo bom só pode fazê-lo se resistir ativamente à sedução da aprovação. A virtude da honestidade intelectual (em sentido amplo) é, pois, uma virtude autônoma, orientada por um bom que não é o bem-estar próprio nem o alheio, e sim o bom da atividade em questão. Em parte, Aristóteles distinguiu as diferentes virtudes segundo as emoções com cujos "efeitos obscurantes" (Wright) o agente tinha de lidar, e isso também pode ser aplicado à honestidade intelectual. Ela tem não apenas seu próprio objetivo, mas também seu próprio oponente no campo passivo das emoções: o prazer de parecer bom.

Qualquer pessoa cuja autoativação esteja orientada a exercer bem uma atividade gostaria de acreditar que será reconhecida pelo outros. Porém, na medida em que cede a essa crença, bloqueia a reflexão sobre como poderia desempenhar essa atividade de modo ainda melhor do que o previsto. A busca da melhor maneira de fazer alguma coisa é sempre cansativa. Basta pensarmos, por exemplo, num pintor ou simplesmente na honestidade intelectual de alguém que questiona a verdade de suas opiniões e daquelas aceitas. Tal busca exige uma luta contra as forças opostas, passivamente emocionais e que se referem ao padrão estabelecido. No caso especial da honestidade intelectual em sentido estrito, soma-se ainda este outro elemento: as pessoas não abandonam facilmente suas opiniões, individuais ou coletivas, sobretudo quando a essas opiniões estão vinculados interesses individuais ou coletivos. E em *todos* os casos da honestidade intelectual em sentido amplo existe o motivo contrário e positivo do prazer em parecer bom, em sentir-se mais importante.

É possível resumir essa exposição sobre a honestidade intelectual do seguinte modo: 1) a virtude teórica da honestidade intelectual pertence à classe mais abrangente, que caracterizei aqui como honestidade intelectual em sentido amplo, de sorte que o conceito fundamental para essa virtude não é a verdade, e sim o bom; aquele bom ao qual toda atividade que se pode realizar bem ou melhor está orientada. A verdade como objetivo específico da honestidade intelectual em sentido estrito integra o conceito do bom. Por outro lado, pode-se caracterizar o bom de toda atividade, eventualmente relacionada à honestidade intelectual em sentido amplo, como bom verdadeiro ou real, em contraposição ao que é bom apenas aparentemente. 2) A honestidade intelectual – seja em sentido estrito, seja em sentido amplo – não é uma virtude moral. O que a motiva não são exigências mútuas, que estariam relacionadas ao bem-estar alheio. 3) Contudo, faz sentido chamar a honestidade intelectual de virtude, pois ela é um modo de ser que se ocupa de determinado campo da passividade emocional e se orienta por um bom. Do mesmo modo como o afeto contrário é um sentimento peculiar – o prazer que o indivíduo sente ao receber aprovação e ao sentir-se importante –, esse bom também é peculiar, de sorte que a virtude da honestidade intelectual (em sentido amplo) independe tanto das virtudes morais quanto das prudenciais.

A autonomia da honestidade intelectual funda-se naquela do bom adverbial. A motivação para a honestidade intelectual funda-se, pois, no fato de o que diz "eu" gostar de realizar atividades e gostar de realizá-las bem, o que implica que ele também tem de ser capaz de refletir sobre como realizá-las da melhor maneira. No entanto, a isso se vincula determinado aspecto do ato de ser reconhecido como bom. Antes de mais nada, é fato que, de modo aparentemente paradoxal, aquele que se orienta de modo autônomo ao bom e não se deixa influenciar pelo reconhecimento é visto como digno dele justamente por causa dessa resistência ao prazer de ser reconhecido. Porém, por sua vez, esse fato se baseia naquela duplicidade que é característica de todo ato de reconhecer como bom, a saber: embora ele seja apenas a expressão de uma opinião, seu sentido denota que ele remete para o que realmente é bom. Para a pessoa em questão, essa duplicidade de opinião e o que é exigido na opinião tem de se dividir em duas vias, pois, para ela, o fato de ser reconhecida é apenas uma opinião, cuja verdade está em aberto. Por conseguinte, na medida em que tal pessoa desfruta do prazer de ser reconhecida, ela sabe que está abrindo mão de se orientar pelo que realmente é bom. Esse saber pode ser mais ou menos consciente e, conforme o caso, se transformará ou não em um instrumento de motivação. Em minha opinião, é desse modo que a motivação para a honestidade intelectual deve ser vista (bem como aquela para a verdade na honestidade intelectual em sentido estrito). O motivo para a honestidade intelectual é o medo da vergonha em relação a um desempenho ruim e, por isso, desprezível da própria atividade[14].

---

14. Em duas tentativas anteriores, fracassei ao tratar da honestidade intelectual. A primeira foi em minha tese de doutorado, *Der Wahrheitsbegriff bei Husserl und Heidegger* (Berlim, 1967, p. 322). A segunda foi em 1994, numa conferência que dei em diferentes universidades de língua alemã, cujo manuscrito entrementes destruí. Creio agora que somente sua subsunção ao que chamei de honestidade intelectual em sentido amplo, isto é, a subsunção do verdadeiro ao bom, é o que leva à supe-

5

Um aspecto característico do comportamento humano é que, em diferentes níveis, ele conduz a "bifurcações". Filósofos antigos teriam, talvez, falado em "dialética". A complexidade desse comportamento implica não apenas que o indivíduo possa fazer algo de uma maneira ou de outra, mas também que se veja diante da escolha entre dois caminhos que se contrapõem (ou, ainda, que precise optar por um caminho em vez de outro). No que se refere ao bom do ponto de vista adverbial, essa bifurcação decorre da complexidade existente na relação entre ser reconhecido e ser digno de reconhecimento. Outra bifurcação, vista no segundo capítulo, mostrou como o indivíduo pode referir-se a objetivos derradeiros: de modo mais egoísta ou mais altruísta. No que concerne à bifurcação presente no reconhecimento, o indivíduo decide apenas se quer orientar-se mais pela coisa ou mais pela aprovação. São dois conceitos do modo como pretende entender a si mesmo. Já na bifurcação entre egoísmo e altruísmo, a questão é até que ponto o indivíduo abre mão de seu próprio bem-estar em favor daquele alheio. No entanto, também no primeiro caso, quando o indivíduo não cede ao caminho da aprovação, aquilo que dele é exigido tem um aspecto de autoenganação.

---

ração da aporia. Atualmente, sou da opinião de que Nietzsche tinha razão ao afirmar que, quando não é condicionada pela prática, a motivação para se questionar a verdade (ou o fundamento) não pode ser compreendida a partir da própria referência teórica, pois ela questiona o valor. Seu único erro foi não ter introduzido corretamente a questão do valor. Por si só, a verdade ou, em termos modernos, a racionalidade, não é capaz de motivar. Não fossem os motivos pragmáticos, por um lado, e o motivo que faz o indivíduo almejar a estima alheia com seu comportamento, por outro, estaríamos à mercê de nossos vãos desejos.

No capítulo 2, a propósito da diferença entre egoísmo e altruísmo, eu estava mais interessado em obter um conceito de egocentricidade que fosse além do egoísmo. Todavia, não é possível descrever a situação interpessoal de maneira razoável simplesmente contrapondo egoísmo e altruísmo. Em geral, os homens vivem em comunidade e agem em conjunto com seus semelhantes. Somente essa ação em conjunto permite o surgimento de bifurcações. Os homens costumam entender-se de modo não egoísta, tendo em vista objetivos próprios ou derradeiros, quer estes representem uma comunidade (por exemplo, a vida com um cônjuge, em família ou entre amigos), quer alguma coisa e seu engajamento em alcançá-la. Em geral, os homens têm necessidade de algo diferente deles e em relação ao qual possam realizar sua egocentricidade sem o egoísmo em sentido estrito. Em todas essas atividades, produzem-se bifurcações nas quais, em diferentes níveis, se exige do que diz "eu" relativizar não apenas seu bem-estar, mas também sua egocentricidade. Não há nenhuma atividade social na qual o indivíduo não tenha de aprender a limitar seu querer e suas preferências em relação aos alheios. Também são conhecidos o problema do altruísta que deseja dominar e as questões sobre até que ponto aquele que ama consegue relativizar-se para se manter firme quando tiver de deixar o outro ir, e sobre até que ponto aquele que se esforça para alcançar alguma coisa ou que compete com outro por reconhecimento consegue aceitar que este tenha a preferência. De modo geral, aqui se pode falar de autorrelativização "parcial", à diferença daquela não apenas parcial, almejada pelo místico (capítulo 6). Suponho, contudo, que nesse caso haja uma continuidade. Em meio às relações interpessoais, quem é capaz de aceitar o caminho que leva a tomar distância de si mesmo porque tem um ponto de referência, em relação ao qual é possível não se considerar tão importante, comporta-se, pelo menos parcialmente, como místico (tal como entendo a palavra). Existem, naturalmente, diferentes auxílios "intramundanos" que facilitam ao indivíduo tomar distância do "mas eu quero" nas relações interpessoais. Contudo, nesse caso, religião e mística têm sempre um valor quase funcional. Seja como for, uma coisa tem de ficar clara: a egocentricidade, que se produz na relação objetivante e proposicional consigo mesmo, exige, em diferentes níveis, a formação de habilidades que a reprimam. Os indivíduos dessa espécie tornam-se egocêntricos por si mesmos, mas só conseguem viver bem quando aprendem a compreender-se de modo menos egocêntrico.

CAPÍTULO 5
RELACIONAR-SE COM A VIDA E COM A MORTE

Ao final do capítulo anterior, destacou-se uma forma de autorrelativização no modo como os que dizem "eu" podem relacionar-se com outras pessoas e coisas. Porém, essa autorrelativização era parcial. A relativização da qual se tratava na introdução dizia respeito ao modo como alguém que diz "eu" relaciona-se consigo mesmo como um todo. Contudo, não se tratou até agora do modo como os que dizem "eu" podem relacionar-se consigo mesmos como um todo.

1

Uma primeira forma pela qual os homens não apenas dizem "eu", de modo geral, mas também se relacionam consigo mesmos, mostrou-se na expressão "depende de mim". Tal como esse fenômeno da autoativação foi discutido no capítulo 3, ele se referia a ações e reflexões particulares em contextos particulares. Obviamente, os que dizem "eu" podem relacionar-se consigo mesmos não somente segundo o que é constitutivo de ações particulares, mas também de modo que se refiram à sua vida futura, ou seja, a si mesmos como um todo. Esse fato já havia sido salientado no capítulo 2. Parece natural perguntarmos se a mesma estrutura do "depende de mim", do qual falamos no capítulo 3 quanto a uma ação particular ou a um contexto particular de reflexão, também pode referir-se a mim como um todo, à minha vida. Podemos então falar da questão prática em seu sentido mais amplo: uma questão prática que não concerne a uma intenção particular, e sim ao todo da vida. O "consigo mesmo", no primeiro sentido (responsabilidade), seria, então, referente ao "consigo mesmo" no segundo sentido (o todo da vida). E só depois poderíamos também perguntar se é possível transcender-se ou, pelo menos, relativizar-se.

Orientar-se pelo discurso do prudencialmente bom é uma possibilidade de abordar a temática de como os que dizem "eu" se referem à própria vida e a si mesmos como um todo. Embora no capítulo 4 o prudencialmente bom tenha limitado a discussão sobre as diversas modalidades do bom do ponto de vista prático, ele ficou em segundo plano. No capítulo 2, chamei a atenção para o fato de que, mesmo quando os seres se referem de maneira consciente e teleológica à própria vida, esta não lhes é confrontada monoliticamente como um objetivo [*Zweck*]; ao contrário, parece composta de uma multiplicidade de objetivos em si mesmos e objetivos derradeiros [*Selbst- und Endzwecken*]. O que parece bom para si, para alguém que diz "eu", refere-se primeiro a uma pluralidade de interesses. Falar do "prudencialmente bom" é, antes de tudo, apenas uma fórmula para esse bom, contanto que seja pensado como um todo; portanto, é uma fórmula para tudo aquilo com que um homem se preocupa de maneira geral. Pode-se, então, tentar compreender o tipo de relacionamento que alguém que diz "eu" tem consigo mesmo, de maneira geral, a partir do modo como ele vincula seus variados bens a um bem total.

No começo de sua *Ética*, Aristóteles caracterizou "o" bom (de um homem) como o fim [*Zweck*] mais elevado e abrangente. Na tradição filosófica, isso conduziu ao conceito de *summum bonum*. Todavia, essa formulação, ainda que formalmente irrepreensível, não corresponde ao modo como os homens de fato se referem, a partir de si mesmos, ao que lhes é bom do ponto de vista prudencial, ao "todo" do que lhes é bom. Além do discurso sobre o sumo bem, o próprio Aristóteles empregou outra formulação em que estabelece a maneira como os homens se referem cotidianamente ao que lhes é bom do ponto de vista prudencial, a saber, perguntando a seu semelhante como ele está.

Em grego, essa pergunta cotidiana traduz-se por "*pos prátteis?*" ("como você faz?"). Em tcheco, por exemplo, a pergunta "*jak se maš?*" ("como você se tem?") soa analogamente ativa. Já outras línguas a formulam de maneira mais passiva, como o alemão "*wie geht es dir?*" (como as coisas vão para você?); outras, por sua vez, de modo mais neutro, como o espanhol "*cómo estás?*", tal como o inglês "*how are you?*", língua na qual também há a forma ativa "*how are you doing?*". Independentemente de como as línguas resolveram esse problema, sempre o fizeram tratando a situação avaliativa em que um homem se encontra de um modo que envolvesse suas atividades e seus interesses individuais. Por toda parte existe uma forma que, no dia a dia, é claramente considerada fundamental e segundo a qual os homens podem informar-se mutuamente, em termos gerais, se estão bem ou mal.

Também é significativo que a resposta padrão a essa pergunta não seja, habitualmente, a expressão de um sentimento como "eu me sinto bem", e sim uma avaliação objetiva, expressa pelos termos "bem", "mal" etc. Portanto, a pergunta concerne não apenas a meu *estado* afetivo *como um todo*, e sim à própria *situação como um todo*. Ela é *avaliada*, mas também é possível que se esteja enganado. Embora a pergunta sobre o estado de alguém diga respeito a um sentimento ("como alguém se sente"), tanto para quem pergunta como para quem responde esse sentimento é visto apenas como um indício do estado geral do indivíduo em relação a seus diversos interesses, ao sucesso e ao fracasso de seus desejos. E embora seja possível perguntar como alguém está agora, seu estado atual tem um sentido temporal abrangente, pois se refere a como eu – neste momento – avalio a situação total dos interesses de minha vida que se estende ao futuro.

Portanto, quando o ponto de vista do objetivo se torna determinante para um ente, produz-se uma pluralidade de objetivos [*Zwecken* (fins)] em si mesmos e objetivos derradeiros [*Endzwecken* (fins últimos)] (pp. 33 s.). Se não houvesse um mecanismo que unificasse esses interesses variados em um significado para mim, a consciência teleológica se desintegraria. A pergunta "como vai?" pressupõe tal mecanismo. Mesmo antes que os que dizem "eu" se orientem explicitamente por sua vida e pela unidade de seus múltiplos interesses, essa uniformização se produz no estado afetivo. Pode-se imaginar que a situação dos interesses individuais – quer eles me proporcionem coisas boas, quer não – seja afetivamente percebida como um todo, de sorte que essa percepção represente para o indivíduo uma reação passiva à sua situação. Obviamente, a condição geral de um indivíduo em determinado momento – seu estado de ânimo, como dizia Heidegger – é resultado do modo como, em sua afetividade, as variadas reações à sua boa ou má condição se vinculam, ordenando-se segundo a importância que têm para ele. O fato de um acontecimento excepcional – uma vitória, um amor, um caso de morte – ocasionalmente se impor, do ponto de vista afetivo, sobre os demais interesses nada muda na estrutura. A condição geral de um indivíduo – seu estado de ânimo – é, por assim dizer, um afeto "não dirigido" que se distingue dos afetos que têm objetos proposicionais determinados, na medida em que manifesta a condição "geral" de alguém[1].

É óbvio que, em todo momento consciente de sua vida, um ente que diz "eu" encontra-se em um estado de ânimo e, quando alguém lhe pergunta como vai, ele pode, então, a partir dessa condição geral, responder "bem", "mal" etc. O que é avaliado com essas palavras quando elas são empregadas dessa forma? É claro que não é a situação positiva ou negativa dos interesses individuais, e sim algo "em conjunto".

Seria, então, adequado dizer que o objeto dessa avaliação é sempre a minha vida? Por que justamente a "vida"? Essa palavra costuma ter um sentido biológico, mas aqui não se trata disso. Estaria a avaliação relacionada ao processo subjetivo da vida?

É mais fácil exprimir o que se tem em mente a partir daquele estado de ânimo no qual é natural dizer: "Eu preferiria não viver mais." É natural tomar a valoração, implícita em toda condição geral, como uma avaliação de meu estar-no-mundo, como um dizer sim ou não (com variados matizes intermediários) à vida no sentido de existência, como uma declaração de concordância ou não daquele que diz "eu" com o fato de que ele existe. Logo, por vida entende-se aqui a oposição ao não existir. Por isso, faz sen-

---

1. Cf. minha apresentação anterior sobre esses contextos, sob a forma de uma interpretação e de uma crítica de Heidegger, em *Selbstbewußtsein und Selbstbestimmung*, pp. 200 ss. Obviamente, também neste capítulo, sou muito influenciado por Heidegger.

tido dizer que o objeto da avaliação é a própria vida, mas por vida não se entende o processo da vida, não se trata de uma avaliação da qualidade desse processo. Ao contrário, nela se expressa o posicionamento *em relação à* vida, ou seja, a disposição para continuar vivendo, a "vontade de viver". Por essa razão, era natural empregar antes, em vez da palavra "vida", as expressões mais formais de "estar-no-mundo" e "existir". Elas pressupõem que os que dizem "eu" sempre avaliam a própria existência, ou seja, podem imaginar que preferem a não existência. Eles estão constantemente no horizonte da questão de Hamlet: *to be or not to be*. Por mais complexos que sejam os fatores que a motivem, a avaliação como bom ou ruim concerne à apreciação desse *to be* e, por conseguinte, à disposição de continuar a viver.

Deparamos, pois, com outra característica antropológica surpreendente, que distingue os homens de outros animais. Ao dizer "eu", eles não só têm, como procurei mostrar no capítulo 1, uma relação objetivante consigo mesmos e uma consciência de que sua vida estende-se ao futuro, mas também se relacionam *com* a *continuação de sua vida*, e precisamente de modo que passam a adotar uma posição valorativa quanto a ela e, em caso extremo, também podendo desejar a morte.

Essa tomada valorativa de posição está, primeiramente, implícita no estado de ânimo (com os conceitos "bom"/"ruim", o que diz "eu" avalia a própria vida), mas o que diz "eu" pode, doravante, posicionar-se explicitamente *em relação* à sua condição geral e às *valorações* dos diversos interesses, implícitas nos afetos, colocando-as em questão. Essa tomada de posição explícita é uma *reflexão*. O que diz "eu" pode conscientizar-se de que depende dele assumir as valorações implícitas em seu estado de ânimo e em seus afetos ou refletir mais sobre elas; como sempre é o caso na reflexão, ele se torna consciente de seu espaço de liberdade. Portanto, quando o "depende de mim", presente na capacidade de refletir e que explicitei no capítulo 3 em relação a um contexto de reflexão individual qualquer, se apresenta nesse plano, ele se refere a *mim* no sentido de minha vida iminente. Posso me perguntar como quero viver e o que devo considerar bom para mim, e teremos como resultado uma tomada de posição global em relação *ao* prudencialmente bom, do qual Aristóteles partira.

2

Essa é, portanto, a questão prática considerada inicialmente (pp. 95-6). A partir de seu estado de ânimo, os que dizem "eu" se posicionam em relação à vida apenas de maneira implícita. É preciso fazer uma distinção entre esse modo como eles são constante e passivamente confrontados com sua vida "no todo" e o posicionamento explícito que ocorre na questão prática e no qual o posicionamento anterior, bem como as valorações dos interesses individuais nele implícitas, se refletem.

Em primeiro lugar, o estado de ânimo é determinado pela variedade dos interesses e das avaliações que deles são feitas. Em segundo, nele se expressa uma avaliação da própria vida como um todo. Por isso, dependendo do componente, dentre esses, sobre o qual a questão prática se debruce inicialmente, ela poderá ser entendida como tendo diversos centros de gravidade e, por conseguinte, como sendo mais ou menos fundamental.

Será entendida como menos fundamental quando se tratar somente de uma revisão das avaliações pressupostas nos afetos. O que tomo por bom é mesmo bom e tão importante para mim como aparece no afeto? Nesse caso, interessa saber qual peso os diversos desejos e interesses têm para alguém. O que seria mais apropriado dizer: que já no âmbito da condição geral os interesses são ordenados em relação à sua importância, ou que adquirem importância apenas na reflexão? O peso que eles têm na condição geral e passiva não é da ordem da importância, mas do vigor, no sentido causal. Considerados dessa forma, eles só são vistos como importantes pelo que diz "eu" na reflexão. Na verdade, aquele que diz "eu" não possui fontes próprias de conteúdo; no entanto, "depende dele" a importância relativa que ele, por si só, atribuirá aos diversos bens. Isso dependerá da perspectiva a partir da qual ele os considera. Por exemplo, apenas a partir do presente ou, como é "racional", na perspectiva de seu próprio futuro? Ou ainda, a partir da perspectiva da qual ele os veria, quando, perante a morte, refletisse sobre a vida? É evidente que, nesse caso, a pergunta sobre quão importantes são para mim cada um dos meus diversos interesses também pode vincular-se àquela sobre quão importante eu pareço a mim mesmo dentro do mundo (ver pp. 38 s.).

Por conseguinte, fica claro que, na pergunta "quão importantes são para mim cada um dos meus interesses?", não possuo no "para mim" nenhuma grandeza fixa. Por isso, a questão prática, que se orienta primariamente pelo valor e pela importância dos interesses individuais, remete à questão prática entendida em sentido mais fundamental, na qual esse "para mim" é problematizado. A pergunta passa então a ser: "Como quero/devo *me* entender?", o que significa: "Como quero/devo *viver*?"

Três coisas caracterizam essa pergunta: *em primeiro lugar*, ela concerne ao "como" da vida, isto é, não primariamente aos conteúdos e interesses, mas a como (de qual perspectiva) nos relacionamos com eles. *Em segundo,* nela está implícito que o que diz "eu" se contém em relação à dispersão de seus interesses na pluralidade e reflete sobre si mesmo – sobre sua vida como um todo. E, *em terceiro lugar*, essa pergunta também implica que, além de já não ter nenhuma relação com os seus desejos individuais, o que diz "eu" se questiona exatamente do mesmo modo como qualquer outro poderia se questionar.

O primeiro ponto é fundamental. Embora o primeiro nível da questão prática, que se orienta pelas avaliações dos objetivos individuais, converta-se no segundo, no qual o que diz "eu" reflete sobre a vida como um todo, há dois níveis a serem distinguidos em sua estrutura. Ambos os níveis da reflexão podem ser apresentados como se o que diz "eu" desse um passo para trás: no primeiro nível, ele retrocede quanto ao modo como se relaciona "imediata" ou "afetivamente" com seus desejos e interesses e se pergunta, refletindo, se tem razões para concordar com a valoração e a importância neles contidos[2]. Essa pergunta leva espontaneamente ao segundo nível, *quando* me conscientizo (o que não é necessário, por isso se trata de um segundo nível) do fato de que toda resposta ao primeiro nível é relativa a certa compreensão de mim e de minha vida, que eu, de minha parte, posso problematizar.

Essa reflexão sobre si mesmo não se refere a um núcleo do "eu", e sim à própria vida. Em outros termos, trata-se de uma reflexão sobre o fato de que a vida con-

---

2. Isso corresponde, aproximadamente, ao que H. Frankfurt quer dizer com o seu nível volitivo de segunda ordem (FRANKFURT, H. "Freedom of the Will and the Concept of a Person", in: *Journ. of Phil.,* 1971, pp. 5 ss.). Meus dois níveis da pergunta prática são, pois, uma diferenciação no âmbito do seu segundo nível. Por isso, em *Problemas* (pp. 216 s.), em que eu partira da distinção de Frankfurt, falei de um segundo e de um terceiro nível volitivo.

siste não apenas nestes ou naqueles interesses que vão se acumulando, mas também em todo querer individual que se passa dentro dela. Ademais, em virtude de sua consciência temporal, aquele que diz "eu" também tem consciência da efemeridade da vida. A isso se acrescentam aquelas ulteriores características gerais da vida humana, como a de estar exposto a contingências e à inconstância dos afetos. No segundo capítulo, pude distinguir o comportamento volitivo dos que dizem "eu" daquele dos outros animais, mostrando que os que dizem "eu" têm uma consciência prática do futuro e se orientam por metas e objetivos. Entretanto, essa consciência temporal faz com que, à diferença de outros animais, os que dizem "eu" também sejam confrontados com a efemeridade da vida e de tudo aquilo que nela podem alcançar. Por um lado, o caráter negativo desses aspectos leva os que dizem "eu" a ter um motivo para não querer admiti-los. Isso explica por que muitos veem a pergunta prática, quando enfim a colocam, somente em seu primeiro nível. Por outro lado, a partir disso, fica claro que, quando a pergunta prática é colocada no segundo nível, trata-se, sobretudo, de ganhar estabilidade na efemeridade e uniformidade no que se refere à multiplicidade de interesses.

Para começar, posso dar um exemplo bem simples, resultante de uma reflexão como essa sobre o segundo nível, no qual não se trata de conteúdos determinados, mas do "como" da vida: o conceito de ética de Aristóteles. Na teoria da virtude de Aristóteles, mesclaram-se um aspecto geral prudencial e um aspecto especificamente moral[3]. Se deixamos de lado o aspecto moral, então o conceito de Aristóteles, como se pode esclarecer com base na *Ética a Nicômaco* (IX, 4), consiste numa vida em equilíbrio

---

3. Cf. minha obra *Vorlesungen über Ethik*, lição 12.

afetivo e que resulta do desejo de permanecer uniforme e constante dentro da mudança (de modo que, segundo Aristóteles e Platão em *A República*, 443a-c, também se possa permanecer amigo de si mesmo). Não se trata, portanto, de conteúdos determinados, mas de um como da vida, do equilíbrio na conduta em relação à própria afetividade.

A partir da perspectiva da pergunta prática, o conceito aristotélico pode mostrar-se insuficiente. Em primeiro lugar, porque apenas os afetos devem ser unificados, e não os múltiplos objetivos e interesses, e, em segundo, porque, para Aristóteles, a morte exerce um papel meramente marginal (tal como no helenismo clássico em geral, ele vê a vida como marcada pela morte, mas não fala de um confronto com ela). Menciono justamente esse conceito porque – ainda sem considerar o aspecto da autorrelativização de que tratarei posteriormente e que conduz à mística – ele exemplifica o ponto de vista da uniformização, que se produz tão logo a pergunta prática expresse um desejo de recolhimento.

Passo agora ao segundo dos três pontos mencionados há pouco (pp. 102-3). À diferença de Aristóteles, se inicialmente remetermos o ponto de vista da uniformização à multiplicidade dos interesses e atividades, teremos uma contraposição característica da existência humana entre multiplicidade e dispersão, de um lado, e unidade e recolhimento, de outro. Também aqui parece instrutivo o contraste com a vida dos outros animais. Como sempre vivem imersos na situação, para eles as diferentes atividades e os diferentes objetivos não podem dispersar-se nem recolher-se em sua multiplicidade. Os homens, de um lado, deixam-se absorver por suas atividades e preocupações individuais e, de outro, são perturbados pela pergunta sobre o que querem de modo geral e sobre o que lhes importa na vida. Contudo, como essa pergunta parece incômoda devido à sua obscuridade, também surge uma dinâmica contrária na necessidade de dispersão. Essa tendência oposta que se dá entre a ocupação com os pormenores e o questionamento sobre o sentido da vida manifesta-se como uma consequência inevitável da independência do querer humano quanto à situação. Esse querer pode estabelecer para si muitos objetivos, mas continuará a se mover dentro de *uma* vida. Por isso, é natural procurar a unidade não junto ao múltiplo, e sim junto a um "como" uniforme na relação com ele.

Passo agora ao terceiro dos três pontos há pouco mencionados. Poderíamos pensar que o segundo nível da pergunta prática é ainda mais subjetivo que o primeiro por consistir numa reflexão sobre o "sujeito", mas o que ocorre é justamente o contrário. No primeiro nível, aquele que reflete tem de julgar quão importantes lhe são os interesses individuais uns em relação com os outros. No segundo, ele considera suas coisas importantes a partir da perspectiva de sua vida como um todo. No entanto, sua vida é determinada pelos aspectos universais da vida humana, tais como morte, efemeridade, contingência etc., que são os mesmos para todos os homens. Portanto, a reflexão geral sobre a vida e a pergunta sobre como ela pode ser bem conduzida em meio às vicissitudes não é um assunto privado do indivíduo. Ao se perguntar como viver bem, ele o faz como indivíduo. Todavia, como em Platão, essa pergunta pode ser formulada anonimamente como "quão bem é possível viver?" (*A República*, 352d). Por essa razão, é uma pergunta que se pode discutir com os demais. (Pode-se também fazer a pergunta prática nesse segundo nível, sem fazê-la no primeiro.) Contudo, depois que se compartilha o mesmo ponto de partida, não é necessário que se chegue às mesmas respostas.

Trata-se aqui somente de possibilidades, não de necessidades. Damo-nos razões uns aos outros, mas estas só podem sugerir um modo de conduta. Só podemos mostrar com que outros pontos de vista ela se conecta. Por isso, existe apenas um "ter de" relativo. Como não se trata de uma pergunta moral que se refere a exigências mútuas, não há nenhuma necessidade de que os caminhos escolhidos sejam os mesmos, mas tampouco há uma razão para que eles tenham de ser diferentes.

3

Em que sentido a finitude é um problema para os homens? O fato de tudo o que existe ser limitado sob vários aspectos é uma obviedade. Para animais que não possuem nenhuma consciência temporal, sua limitação não tem nenhum significado, pois eles não aspiram a nada além de seus limites. A egocentricidade humana, ao contrário, implica a preocupação com o futuro. Os que dizem "eu" querem manter o que possuem, e acabam temendo a efemeridade e apreciando a estabilidade. Certamente, os homens também temem um futuro vazio. Surgem, assim, o tormento da monotonia e a necessidade do contrário da estabilidade: a mudança. De todo modo, esperam que, no futuro, tudo seja exatamente como desejam, e assim experimentam, na inconstância e na contingência das coisas, sua própria impotência. Não existe nenhum desejo de alcançar os próprios objetivos sem passar pela experiência da contingência. Na técnica, os homens tentam reduzir o acaso ao máximo, mas ele é insuperável. Assim, a capacidade humana não é simplesmente limitada como a dos outros animais. Na medida em que a consciência ultrapassa o presente, ela faz com que a experiência dependa de fatores que, isoladamente, podem ser superados, mas que, em princípio, apresentam uma dimensão de indisponibilidade.

A morte é o caso mais relevante dessas experiências de limite e impotência. Perante a morte, o querer egocêntrico fica extremamente perturbado, pois, em relação a ela, a impotência concerne não apenas ao "como" do futuro, mas também a ele próprio, ao seu fim. Essa constatação parece terrível e, por isso, na medida do possível, é reprimida. Para a reflexão sobre "o todo", à morte cabe um significado eminente.

É natural explicar biologicamente o medo da morte, já que é compreensível que animais que possuem uma consciência temporal não sobreviveriam se não o tivessem.

No caso de animais de outra espécie, também se pode falar de um tipo de medo da morte. Em todo caso, a conduta dos animais de muitas espécies superiores pode ser interpretada como se, diante de riscos fatais (por exemplo, quando são conduzidos a um matadouro), eles também possuíssem um medo imediato da morte, comparável ao nosso. O que é peculiar no medo da morte dos homens é o medo de morrer imediata ou brevemente[4]. Somente os seres dotados de uma consciência temporal podem possuir esse medo da morte porque, para que se consiga senti-lo, é preciso entender palavras como "imediatamente" e "brevemente", bem como a palavra "não". É possível estar numa situação em que não

---

4. Em meu ensaio "Über den Tod" [Sobre a morte], tentei expor essa ideia com mais precisão (*Aufsätze 1992-2000*, pp. 70 s.). Em diversas questões, afasto-me hoje desse ensaio. Nele não consegui explicar bem o desejo de viver mais a qualquer custo, porque eu ainda não tinha a hipótese biológica aqui defendida. Contudo, esse ensaio foi o ponto de partida para o presente livro.

se é ameaçado de uma forma sensivelmente perceptível, mas que, não obstante, é avaliada como uma ameaça para a vida (por exemplo, quando se anuncia a alguém que no dia seguinte ele será executado). Se numa situação como essa os homens não sentissem medo, seriam tão pouco capazes de sobreviver como os animais superiores que não sentissem medo diante de uma ameaça perceptível à vida. O medo da morte sentido pelos animais não é fácil de descrever. Já aquele especificamente humano tem um objeto que se pode apontar com clareza e que, de certo modo, é intelectual: trata-se do pensamento de já não viver imediata ou brevemente.

Todavia, justamente quando se tenta formular isso com precisão, já não fica tão evidente por que se tem esse medo. Falar da vida como sumo bem e da morte como sumo mal evidencia não a razão, e sim a conclusão do medo. A justificação biológica, ao contrário, contém uma razão suficiente. Um caso comparável a esse é o das dores físicas. Por que as tememos? A resposta "porque elas são um mal" coloca as coisas de ponta-cabeça. Nós as *chamamos* de mal porque todos os homens procuram evitá-las. Além disso, a explicação biológica fornece uma justificativa suficiente para o fato de que todos os homens procuram evitá-las.

Portanto, aceitemos provisoriamente a explicação biológica como hipótese. Resta-nos ver até onde podemos chegar com ela. Agora temos de nos voltar à pergunta sobre o exato objeto desse medo da morte, uma vez que, nessa pergunta, a hipótese biológica pode ser testada.

Quando se trata de esclarecer qual o objeto exato desse medo, a primeira coisa a ser feita é evitar os equívocos sugeridos pela tendência a se falar de modo substantivado sobre "a" morte. O que se pensa com a morte não é "alguma coisa" em sentido usual, e sim um acontecimento, o acontecimento do término da vida[5].

Mas isso também ainda é ambíguo. Temos medo (1) de que a vida termine *algum dia* ou (2) de que terminará imediata ou brevemente? (Se falamos do medo *da* morte, então podemos passar diretamente de uma versão à outra.) Se entendemos o medo da morte como biologicamente justificado, somos favoráveis à segunda versão. Em contrapartida, se tivéssemos medo de algum dia deixar de existir, isso seria incompreensível apenas do ponto de vista semântico, pois o fato de que algum dia iremos morrer é uma *propriedade*, a propriedade de ser mortal, e só se pode ter medo de um acontecimento, não de uma propriedade. Essa dificuldade semântica pode ser evitada se, no que se refere à mortalidade, não dissermos que temos medo dela, e sim que ela nos preenche com um sentimento de melancolia ou falta de sentido (muitos homens acham que a vida não tem sentido se ela termina com a morte)[6]. Contudo, do ponto de vista biológico, tal sentimento é disfuncional. Do ponto de vista biológico, é altamente funcional para seres dotados de consciência temporal fazer tudo para evitar uma morte iminente. Em contrapartida, sentir como paralisante o fato de ser mortal só pode ser biologicamente disfuncional. Não quero dizer com isso que tal sentimento não seja compreensível. Nem tudo pode ser reduzido ao que é biologicamente funcional. Por certo, sempre houve indivíduos e culturas inteiras que sofreram com a mortalidade humana e por isso procuraram uma imortalidade no além ou (como na epopeia de Gilgamesh) uma erva contra a mortalidade na terra.

---

5. Se não há dúvidas a esse respeito, então, naturalmente, o discurso abreviado sobre "a morte" é inócuo.

6. Cf. o livro Kohelet (Eclesiastes) no Antigo Testamento (na tradução de Lutero, "O pregador Salomão").

É difícil, porém, considerar a perplexidade diante da mortalidade o fenômeno primário. Ela não o é diante do medo da própria morte nem diante da morte alheia. Em relação aos outros, talvez seja ainda mais notório que temos medo de perdê-los em breve, e não de que algum dia iremos perdê-los. Se a mortalidade fosse o fenômeno primário para o medo, também teríamos de achar estranho o fato de os homens tentarem tanto evitar a morte *justamente quando* por ela são ameaçados, pois isso seria um adiamento. No entanto, esse adiamento parece ser o mais importante de tudo. "Agora não, mais tarde", é o que se costuma dizer (cf., por exemplo, a conduta de Admeto e de seus pais na obra *Alceste*, de Eurípides, ou a do príncipe de Homburg no drama de Kleist). Se a mortalidade fosse o problema, essa conduta teria de parecer pouco racional; mas ela é justamente o que se deve esperar se a hipótese biológica for verdadeira. Por isso, penso que a melancolia perante a mortalidade pode ser considerada uma conclusão compreensível, mas de modo algum necessária, do fato de que a morte pode acontecer a qualquer momento. Percebe-se que não é uma conclusão necessária pelo fato de que podemos achar indesejável uma vida que nunca termine[7]. Embora esta seja apenas uma concepção possível[8], ela é suficiente para mostrar que a oposta não é necessária.

Se tivermos em mente que o medo da morte está relacionado a um acontecimento "imediato ou breve", então a hipótese biológica também ajudará a manter o objeto desse medo livre de explicações adicionais. Sobretudo

---

7. Cf. WILLIAMS, B. "The Marcropulos Case", in: WILLIAMS, B. *Problems of the Self*. Cambridge, 1983.

8. Cf. a concepção contrária em NAGEL, Th. *The View from Nowhere*. Oxford, 1986, p. 224. [Ed. bras. *Visão a partir de lugar nenhum*, São Paulo, Martins Fontes, 2004.]

agora parece que toda forma de fundamentação metafísica induz ao erro, em especial aquela que vê a razão de nosso medo da morte em um medo do nada. Nesse caso, o erro não está no discurso substantival sobre "o nada". Neste momento, talvez esse discurso não seja sequer enganoso, pois faz todo sentido dizer que quem morre transforma-se em nada, e daí a dizer que ele se transforma no nada há apenas um passo (que pode ser visto como inocente). Assim, nesse contexto, Heidegger não é o único a falar do nada; Thomas Nagel (*ibid.*, p. 226) também se exprime a respeito. O erro propriamente dito consiste em algo que já não atua de maneira metafísica. Em outros termos, é algo que faz com que consideremos evidente a necessidade de o próprio não-ser-mais parecer terrível. Por quê? Mesmo que se recorra ao pensamento de que os homens sempre se interessam por seu futuro, isso não procede. Por que nosso futuro não deveria sempre nos interessar enquanto vivemos, mas não justamente além de nossa vida?

Mesmo dando ao medo da morte sua formulação mais austera e dizendo que ela consiste no medo de *deixar de existir* (naturalmente, o "não" está implícito nessa palavra), não é compreensível que o motivo para esse medo deva ser evidente em si; tampouco é evidente em si que, *se* prescindirmos da hipótese biológica, iremos querer continuar a viver. Com isso não quero dizer que os homens nem sempre (ou quase sempre) querem viver mais. De fato, na maioria das vezes, eles o querem de todo modo. Mas a pergunta era: por quê? E o fato de isso não ser compreensível em si é um forte apoio à hipótese biológica.

O texto de Nagel citado há pouco descreve muito bem o medo da morte do ponto de vista psicológico. De minha parte, pelo menos, sinto a ideia de deixar de existir exatamente como Nagel a descreve: eu acharia terrível se soubesse que deixaria de existir imediata ou brevemente, e também sinto como terrível a ideia de me transformar em nada (para quem não acredita em vida depois da morte, ambas as ideias são a mesma coisa, mas a primeira é vista mais a partir da vida, enquanto a segunda, mais a partir do resultado). Acredito *agora* que me sentiria desse modo, mas não sei se acharia terrível se me visse efetivamente diante da morte. Curiosamente, quando se veem cara a cara com morte, algumas pessoas reagem com tranquilidade. Não deveríamos achar essa reação totalmente incompreensível, se pensássemos que o sentimento de pavor ante a iminência da morte fosse o único compreensível? Quem o considera do ponto de vista biológico pode dizer que, se a morte imediata é inevitável, o medo já não tem nenhuma função. Pode ser enganoso o fato de que muitos homens, quando se colocam na situação de um moribundo, pensam que isso tem de ser terrível para ele; e a opinião às vezes expressa de que não se tem nenhum medo da morte, e sim da agonia, parece pouco aprofundada. Ninguém sabe como se sentirá quando estiver cara a cara com a morte nem com que recursos contará então, e cismar com isso com antecedência não contribui em nada com o que virá mais tarde.

Portanto, não se deveria projetar o medo da morte em sua proximidade imediata nem situá-lo na distância dela, pois o medo tem seu lugar primário onde também tem uma função biológica: quando se crê que se vai morrer imediata ou brevemente. Isso não exclui que se possa, sempre de maneira secundária, imaginar (e talvez se devesse imaginar) que a morte pode ocorrer a qualquer momento e, portanto, também agora. Essa especulação, porém, consiste justamente em imaginar como seria se agora acreditássemos saber que vamos morrer imediata ou brevemente. Essa ideia, que pode ocorrer a qualquer momento, pressupõe justamente que o medo da morte consiste no medo de morrer imediata ou brevemente, e deve distinguir-se da consciência, que também pode ocorrer a qualquer momento, de que se é mortal. Essa consciência é a de que, em algum momento (qualquer dia), se morrerá, e normalmente não se vincula ao medo, embora também nela fique claro que se passará ao nada. Logo, não é a consciência de que se passará ao nada que achamos terrível, e sim aquela de que a passagem é iminente ou imaginar como seria se ela fosse iminente. Essa diferença afetiva entre duas especulações, que aparentemente têm o mesmo objeto (a passagem ao nada), é uma forte razão para a aceitação da hipótese biológica.

Que importância se atribui, então, à conduta em relação à morte na pergunta prática? Esta consiste na reflexão sobre a vida aquém dos objetivos e dos interesses individuais. Contudo, é justamente com eles que deparamos quando somos confrontados com a morte. Com efeito, quando imaginamos como seria se deixássemos de existir, não podemos evitar imaginar o que também deixaria de existir: nossa própria vida. O fato de fazermos uma coisa ou outra e de termos tais e tais interesses passa inevitavelmente para segundo plano. O que deixa de existir é o fato de vivermos, pouca importa se fazemos uma coisa ou outra.

Ser confrontado com a morte iminente, de modo real ou imaginário, é, pois, um ensejo particularmente propício para se fazer a pergunta prática. Contudo, o confronto com a morte é apenas um dos possíveis catalisadores dessa pergunta. Diante da certeza efetiva de que se morrerá de imediato ou em breve, o medo biologicamente condicionado pode reprimir a tal ponto todos os outros pensamentos que nem se chega a pensar no "como" da vida. Se, ao contrário, apenas imaginamos como seria se deixássemos de viver em breve, a pergunta sobre como está nossa vida parece bem natural, e a confrontação com a morte sempre terá o efeito unificador, que é tão importante para a pergunta sobre o "como" da vida (ver p. 106).

O pensamento sobre uma morte possível a qualquer momento confere, sobretudo, um rigor especial à pergunta sobre como se deve viver, uma vez que se dispõe de pouco tempo quando a morte é iminente. Quem crê ter pouco tempo estabelece outras prioridades, o que permite compreender as experiências de conversão perante a morte, tal como são frequentes na literatura. Pode acontecer de alguém, depois de ter sofrido um infarto e sentir um profundo medo da morte, decidir, nos dias subsequentes, mudar sua vida, até voltar aos poucos à sua antiga rotina.

Todavia, a morte atua não apenas como catalisador e intensificador da pergunta prática; ela também faz parte do conteúdo dessa pergunta. Falei dos sofrimentos para a vida humana que surgem quando se tem consciência das diversas limitações que o tempo acarreta. Como os homens sempre transcendem o presente em sua consciência, vivenciam a inconstância de suas relações. A morte é um caso notório da efemeridade e da indisponibilidade da vida humana. Como se deve viver tendo em vista que a morte é possível a qualquer momento? O desejo de viver mais a todo custo tem uma justificação biológica, mas isso nada muda no fato de que, para os seres humanos, a transição para o não ser parece terrível e de que eles não têm como evitá-la, pois são impotentes e estão entregues a ela.

Como comportar-se em relação a esse fato inelutável? Podemos tentar nos afastar dele com a esperança de viver mais no além. Se recusarmos essa alternativa, o que nos restará: ignorá-lo ou "aguentar firme"? Vimos, porém, que não existe nenhuma conexão analítica entre a transição para o não ser e o sentimento de temor. Apenas quando já não vemos nada além de nós mesmos, a partir da perspectiva intensamente egocêntrica, essa transição tem de parecer terrível. Por isso, a morte, mas também as outras frustrações profundas, se oferece como motivo para prestarmos menos atenção em nós e mais nas outras coisas, às quais nosso olhar também sempre se dirigiu. Embora toda pessoa permaneça para si mesma o centro volitivo do mundo, em relação ao mundo e aos demais centros, ela pode se atribuir uma importância comparativamente menor; por conseguinte, pensar na morte – imaginar morrer imediata ou brevemente – pode ser o ensejo para, de dentro do mundo, pôr-se à sua margem[9]. Assim, talvez a morte só possa ser aceita a partir de uma atitude mística, e isso se relaciona ao fato de que pensar na morte sempre foi um motivo importante para a mística.

4

Já na simples reflexão, tanto prática como teórica, aqueles que dizem "eu" têm de dar um passo para trás em relação ao que querem ou pensam de imediato. Na reflexão, o que se quer ou pensa é posto entre parênteses, e o indivíduo passa a se perguntar a respeito de seu ser-bom ou ser-verdadeiro. A mesma metáfora de recuar em um passo pode ser empregada naquela reflexão em que o que diz "eu" pensa sobre si mesmo ao se fazer a pergunta prática: ele toma distância de seus desejos e interesses individuais e se recolhe na pergunta sobre o "como" da vida.

Ainda que esses dois modos de dar um passo para trás sejam estruturalmente diversos, o primeiro leva ao

---

9. Cf. "Über den Tod", *op. cit.*, p. 87.

segundo. Toda demanda prática de justificação, mesmo no nível mais elementar do questionamento sobre os melhores meios para se alcançar um objetivo, contém elementos que remetem a como se quer viver. (Quando pergunto a alguém em uma cidade qual o melhor caminho para chegar a um lugar, não há nenhum critério objetivamente convincente sobre qual a resposta mais satisfatória: ela depende, por exemplo, do fato de eu preferir caminhar rápido ou devagar, e também pode depender do ritmo em que quero viver.)

A partir desses dois modos de dar um passo para trás, pode-se distinguir um terceiro, que mostramos ao final da última seção. Enquanto o segundo era um passo para trás *em relação a* si mesmo, esse terceiro é um distanciamento *de* si mesmo[10]. Assim como o primeiro dos três passos conduz ao segundo, sem que o indivíduo seja obrigado a dá-lo, o segundo também leva ao terceiro. Enquanto se está na multiplicidade das atividades e objetivos individuais, dá-se uma importância absoluta à própria egocentricidade. Quando, ao contrário, se problematiza a própria vida, é natural, por um lado, deparar com o caráter limitado que ela tem. Nesse momento, o indivíduo é confrontado não apenas com suas próprias limitações, mas também com a contingência e o caráter limitado da vida humana como um todo. Por outro lado, ao se considerar na totalidade, também é natural que o indivíduo se perceba em sua insignificância e na insignificância de suas preocupações relativamente ao mundo. Assim, produz-se uma motivação não só para uma autorrelativização parcial (cf. pp. 93-4), mas também para a relativização da própria

---

10. No capítulo 2 (pp. 39-40), também falei de três passos para trás, mas as diferenças entre o que digo neste e naquele capítulo só se equivalem no capítulo 3.

importância do indivíduo, à qual ele pode ceder ou não. O distanciamento de si mesmo significa dar um passo para trás não só em relação ao egoísmo, mas também em relação à própria egocentricidade. Ele concerne a todos os objetivos e desejos do indivíduo, tanto àqueles que têm os outros por objeto quanto aos que são divididos com eles. Com isso, estamos diante daquela autorrelativização da qual eu partira na Introdução e que, como será mostrado no capítulo 6, é o que importa à mística.

O passo dado para distanciar-se de si mesmo, almejado pela mística, poderia parecer paradoxal, pois, por mais que eu possa tomar distância de tudo o que for possível, permaneço sempre eu. Porém, o que aqui se quer dizer com o "si mesmo" é o "eu quero", isto é, o ato de apegar-se ou prender-se aos objetos do querer, que é característico da egocentricidade humana, a começar pela incapacidade de se livrar do medo da morte.

No que se refere aos três modos do distanciamento de si mesmo, o passo para trás só pode ser dado por mim. Em cada um dos três modos, sou interpelado *como* eu (cf. capítulo 3, p. 55). Por isso, também em relação ao místico ainda é preciso falar de uma preocupação egocêntrica. Ele quer algo para si: alcançar determinado estado e manter-se nele. Esse aspecto egocêntrico da mística envolve uma bifurcação que pretendo investigar apenas no final do capítulo 6. Contudo, o objetivo da autorrelativização não está no mesmo nível dos demais objetivos. Eis por que não é contraditório dizer que se pode estar egocentricamente preocupado em livrar-se da própria egocentricidade ou em limitá-la. Se o passo para trás deve ser entendido como negação da vontade ou somente como atenuação do ato de dar-se importância, essa é uma questão que concerne a uma diferença controversa dentro da própria mística (cf. adiante, p. 137).

PARTE II
TOMAR DISTÂNCIA DE SI MESMO

CAPÍTULO 6
RELIGIÃO E MÍSTICA[1]

1

Religião e mística são formas de recolhimento relativas ao "como" da vida. No capítulo 5, falei da contraposição que se estabelece na vontade humana – devido à sua independência em relação às situações – entre a multiplicidade e a dispersão de seus interesses e sua necessidade de unidade e recolhimento (p. 105). Nas culturas antigas, além de favorecerem a coesão social, os ritos religiosos serviam a esse recolhimento do indivíduo.

No capítulo 5, convinha partir de perguntas e reflexões a fim de destacar o caráter autônomo e fundante do desejo de recolhimento. Contudo, o próprio sentido da questão prática põe a necessidade de se alcançar uma opinião firme e de se ter uma atitude que, no que se refere ao "como" da vida, permita encontrar uma base que, por sua vez, possibilite ao indivíduo suportar a morte e as

---
1. Existe um trabalho preliminar para este capítulo, no qual a relação entre religião e mística foi descrita de modo um tanto diferente. Cf. "Raíces antropológicas de la religión y de la mística", in: *Problemas*. Barcelona, 2002, pp. 215 ss.

demais dificuldades da vida egocêntrica que a consciência do tempo traz consigo.

Quero partir de dois exemplos. Tome-se um judeu ortodoxo, que em tudo o que faz louva a Deus com a bênção prescrita, e tome-se um zen-budista japonês que realiza cada coisa de tal modo que a enxerga como transparente perante o "vazio". Em ambos os casos, a pessoa está evidentemente recolhida na multiplicidade de suas atividades, e não à margem delas. O judeu recolhe religiosamente a sua vida – tudo o que ele faz – tendo Deus em vista; o místico japonês a recolhe tendo em vista o universo compreendido como vazio. A partir desses dois pontos de referência, pode-se dizer que aquilo perante o que ambos, cada um a seu modo, "transcendem" "não é deste mundo". Diante de tudo o que há no mundo, Deus é transcendente. Em outro sentido, o universo transcende tudo o que está nele. A palavra "religião" é, muitas vezes, usada de modo tão amplo que abrange ambas as possibilidades.

Seria, então, o caso de dizer que, a partir de sua estrutura antropológica, os que dizem "eu" podem viver dispersos ou recolhidos e que só é possível viver recolhido quando se tem em vista alguma coisa que "não é deste mundo"? Creio que só existam duas outras possibilidades que permitem o recolhimento: ou o indivíduo entende a si mesmo tendo em vista o que "é deste mundo" – uma pessoa, uma comunidade ou uma coisa pelas quais ele atua –, ou ele simplesmente se entende tendo em vista a *si mesmo*.

Quanto à primeira, recolhemo-nos assim constantemente; porém, quando temos pessoas ou alguma coisa em vista, só conseguimos entender nosso agir e nosso querer de modo limitado. Nossa vida vai mais além. Quando se vê diante da morte, o indivíduo toma consciência disso.

Talvez alguém possa dizer: "Entrego-me completamente ao amor por tal pessoa, por minha família ou por determinada tarefa. Isso é o que dá sentido e unidade à minha vida." Em *Entwerder-Oder* [A alternativa], Kierkegaard examinou essas possibilidades e viu que o ponto fraco que todas compartilham é o "desespero" inevitável do indivíduo ao perder esse ponto de referência.

Ambos os exemplos que dei não cabem a esse veredicto. Não se pode tomar do judeu ortodoxo sua relação com Deus nem do zen-budista sua relação com o vazio do universo.

Mas e quanto à ideia há pouco mencionada? É possível simplesmente recolher-se perante *si mesmo*? É isso o que, aparentemente, se quer dizer quando se fala em recolhimento e escolher-se a si mesmo. O modo como Heidegger, em *Ser e tempo*, assimilou a iniciativa de Kierkegaard foi uma tentativa de ver a escolha de si simplesmente como um recolhimento perante *si mesmo*. O fato de que Kierkegaard tenha apenas justaposto a escolha de si e sua interpretação religiosa, mas não derivado uma da outra, reforçou em Heidegger a ideia de que, de um ponto de vista radical, só seria possível entender o recolhimento como recolhimento em relação a si mesmo.

Seria isso uma possibilidade? Na pergunta: "Em última instância, é possível recolher-*se* simplesmente perante *si mesmo*?", o "se" ocorre duas vezes [se e si]. Penso que não faz nenhum sentido colocar o primeiro "se" também na segunda ocorrência. Em vez de dispersar-se em suas muitas atividades, o indivíduo tem necessidade de recolher-se, mas esse "se" [do recolher-se] não pode ser, ao mesmo tempo, o ponto de referência perante o qual ele se recolhe. O judeu ortodoxo e o japonês têm esse ponto de referência, e o amante, entre outros (nos exemplos de Kirkegaard), também acreditava tê-lo, mas ele não é suficiente. A mera autorreferência não pode figurar nesse lugar. Tampouco minha formulação de que se faria uma pergunta prática mais elevada – "Como quero viver?"[2] – pode ser suficiente. Embora realmente se parta de tal pergunta quando se trata do recolhimento em sentido autônomo, ela permanece tão formal quanto o discurso da escolha de si mesmo. Eis a razão pela qual, no que se refere a meus dois exemplos, se dirá que ainda não está claro se o judeu e o japonês se comportam de maneira autônoma em seu recolhimento ou se estão irrefletidamente dando continuidade a uma tradição. Mas a questão é se, como ser dotado de vontade, posso me servir de algum ponto de referência para recolher meu comportamento volitivo. Como resposta, não posso dizer que a própria pergunta é esse ponto de referência, pois com isso eu estaria tirando dela o seu conteúdo.

Kierkegaard, por sua vez, deu a essa pergunta uma resposta talvez peculiar demais, a saber: a referência a Deus. No entanto, o que se pode dizer é que a resposta só pode ser encontrada em algo que seja "religioso em sentido amplo", que "não seja deste mundo" (p. 114). Se isso estiver correto, significa que os homens, dada sua estrutura antropológica, têm uma necessidade compreensível de se recolher, mas se veem atraídos por algo que, no sentido vago usado acima, é "transcendente" e que, fora da religião, em sentido estrito (exemplificado pelo judeu ortodoxo) ou da mística (exemplificada pelo zen-budista), não há possibilidade de uma existência "recolhida".

---

2. Cf. pp. 95-6 e meu livro *Selbstbewußtsein und Selbstbestimmung*, pp. 193 ss. e 295 s.

2

É comum definir a mística relativamente à religião[3]. Também farei isso, mas minhas definições vão desviar-se das usuais em virtude das exigências especiais de um empreendimento a partir da "perspectiva da primeira pessoa". Neste capítulo, confronto-me com dificuldades metodológicas que não foram dadas nos capítulos da primeira parte. Neles, falei apenas das estruturas antropológicas gerais; por isso, não precisei entrar em determinados fenômenos culturais, ainda que muito do que expus tenha sido tratado da perspectiva de minha própria cultura, em parte de modo consciente e, em parte, por certo, de modo inconsciente. Agora, ao contrário, trata-se de como os homens respondem a uma estrutura antropológica geral – a da necessidade de recolhimento –, e a resposta deles ocorre de modo culturalmente variado, ainda que em formas que possam ter um significado geral. Portanto, neste capítulo, oriento-me por formas culturais reais da religião e da mística.

Quando trabalhamos com fenômenos histórico-culturais, precisamos saber se vamos considerá-los a partir da perspectiva da primeira pessoa (singular ou plural) ou daquela da terceira pessoa. Esclareço a diferença metodológica entre ambas no anexo deste livro. Por enquanto, é suficiente dar uma informação geral: um fenômeno histórico-cultural é tratado da perspectiva da terceira pessoa quando é apenas analisado. Ao contrário, quando se parte de uma pergunta – por exemplo, o que ele pode signi-

---

3. Cf. a definição que é dada no *Macmillan Dictionary of Religion* (Londres, 1994), organizado por Pye: "Uma forma elevada de experiência religiosa, em que o sujeito sente a imediata presença de Deus ou de alguma realidade última e que resulta em uma expansão da consciência e em um sentimento de transcender o mundo comum."

ficar para nós ou até que ponto há razões ou contrarrazões para trilhar esse caminho ou outro similar –, ele é tratado da perspectiva da primeira pessoa. Quase tudo o que hoje é escrito na fenomenologia e na história da religião está na perspectiva da terceira pessoa. Como parto da perspectiva da primeira pessoa, também tenho de me interessar, já nas definições de religião e mística, pelo fato de que hoje elas implicam para nós alternativas que fazem sentido.

Falei acima da religião em um sentido vago e amplo, que também engloba a mística (cf. p. 125). A partir de agora, pretendo falar da religião em um sentido estrito, que inclua como seu elemento constitutivo a crença em seres personificados e sobre-humanos, ou seja, em deuses. Além disso, pretendo orientar-me fundamentalmente pela concepção que serve de parâmetro para a tradição judaico-cristã: a crença em um único Deus.

Se defino religião e mística desse modo, é porque, de um lado, tento considerar que fazemos parte dessa tradição e, de outro, penso que essa tradição de crença já não seja uma possibilidade a partir da perspectiva da primeira pessoa, enquanto a mística, tal como a defino, é uma possibilidade acessível a todos os homens. Por essa razão, é importante para mim, inicialmente, definir religião e mística como caminhos distintos, o que não exclui o fato de que também no âmbito da religião haja mística e de que a religião cristã sempre apresentou traços místicos.

Ainda que a palavra "mística" tenha suas raízes em uma expressão grega e seja usada, sobretudo, no Ocidente, trata-se de um conceito que, do ponto de vista histórico, é mais comum na Índia e na Ásia Oriental do que na Europa. Naqueles lugares, a mística não tem, originariamente, um sentido relacionado a Deus. Nas definições usuais da mística, a principal ideia é 1) a de uma experiência imediata com Deus ou de uma realidade última (cf. a definição de Pye, mencionada acima (p. 125, nota 3), ou 2) a de uma visão, de uma imersão meditativa ou ainda de união com essa realidade. A primeira dessas duas maneiras de ver – o ato de entrar em contato imediato com algo transcendente – orienta-se mais pela mística ocidental, originariamente mais religiosa, enquanto a segunda – a imersão meditativa – corresponde mais à forma da mística usual na Índia e no Extremo Oriente. A primeira deve ficar em segundo plano quando, como é o meu caso, já não se vê a religião, no sentido estrito, como uma possibilidade a partir da perspectiva da primeira pessoa.

Conforme a segunda maneira de ver, poderia a mística ser entendida como uma imersão meditativa em uma realidade última? Talvez essa compreensão pudesse ser empregada na mística ocidental não religiosa e na Índia, por exemplo, no que se refere ao vedanta, mas não ao budismo teravada ou à ioga Sámkhya. A imersão meditativa de Buda não se orienta por uma realidade última, muito menos por alguma coisa. Por outro lado, falar simplesmente de "imersão meditativa" ainda é muito vago. É óbvio que, originariamente, a dinâmica da imersão meditativa de Buda é determinada por aquilo de que ele deve se libertar, e, para Buda, isso é o "eu" e sua "avidez".

Na realidade, nas demais formas de mística, a imersão meditativa também deve ser vista primeiro a partir daquilo *de que* o indivíduo quer libertar-se, e, como tal, às vezes é chamada de multiplicidade do mundo fenomênico. No entanto, também essa multiplicidade não valeria absolutamente de modo geral. Não valeria, por exemplo, para a mística taoista. Outros místicos também dizem que só tentam apartar-se da multiplicidade sensorial quando o querer nela se fixa⁴. Por essa razão, de modo geral, a meditação mística pode ser definida como uma tentativa de se libertar de uma fixação volitiva.

Todavia, pode-se abdicar completamente da definição "imersão meditativa", pois, por mais que essa possibilidade seja importante para quase todos os místicos, não se pretende, por exemplo, que um sábio taoista ou um zen-budista só tenha consciência mística quando estiver meditando. Assim, chego a uma definição da mística que consiste em 1) libertar-se da fixação volitiva (ou ainda da avidez ou da preocupação), e isso 2) *em relação* (em vez de "em imersão meditativa") ao universo (que prefiro à "realidade última"). Em se tratando do budismo teravada ou da ioga Sámkhya, a segunda condição pode ser desconsiderada. Essa definição também pode ser ampliada para englobar a mística religiosa, colocando Deus no lugar do universo.

Essas reflexões sobre a definição da "mística" resultaram da perspectiva da terceira pessoa, já que o critério foi apenas o de que a maior parte do que costuma ser caracterizado como mística deve entrar na definição. Há que se observar, contudo, que o desejo, pressuposto por mim na Introdução e no capítulo 5, de que o resultado coincidisse o máximo possível com a compreensão da mística está no pano de fundo dessa definição. A partir da definição da mística, se tento manter distância de uma referência a determinado estado de consciência, como é o caso nas caracterizações frequen-

---

4. Cf., por exemplo, o mestre zen chinês Seng-t'san: "Definir o que lhe agrada contra aquilo o que não lhe agrada / Esta é a doença da mente [...] Quando a mente não está perturbada, / dez mil coisas não conseguirão alterá-la." In: SUZUKI, D. T. *Manual of Zen Buddhism*. Londres, 1974, pp. 77 s.

temente citadas por William James[5], é porque, tomando a perspectiva da primeira pessoa, também me esforço para ver a mística como algo acessível a qualquer pessoa e que não depende de exercícios nem de uma predisposição especial.

3

Desse modo, penso não apenas que a mística seja um caminho diferente da religião, mas também que ambas tenham motivos contrários. Antes de entrar nesse tema, há que se colocar a questão sobre um ponto de partida comum entre elas. Mesmo sendo caminhos diferentes, trata-se de um tema comum. Contudo, à questão sobre o ponto de partida só posso oferecer um raciocínio que talvez pareça artificial.

Um ser que diz "eu" não apenas se relaciona com pessoas ou coisas individuais, mas também tem consciência de uma totalidade, tal como, partindo de certa perspectiva, mostrei no capítulo 1 e como, de resto, é evidente. Pode-se dizer que essa totalidade envolve as pessoas com incomparável extensão (grandeza), força e mistério. Em relação a ela, as pessoas se sentem pequenas, impotentes e ignorantes.

Em vários aspectos, as pessoas passam pela experiência de um contraste entre pequeno e grande. Primeiro, veem-se na infância como pequenas. Depois, nos diferentes aspectos das comparações mútuas e da dependência, entram numa duradoura disputa porque são pequenas e dependentes, mas querem ser e parecer maiores e mais importantes. Nessas circunstâncias, a experiência de ser

---

5. JAMES, W. *The Varieties of Religious Experience*. 1902, capítulo 17.

pequeno e do tamanho é sentida como algo relativo, independentemente de quanto tamanho, poder e saber se tenha alcançado. Em contrapartida, dentro do universo – da totalidade –, o indivíduo sempre se vê como pequeno, impotente e ignorante. Nesse sentido, junto com os outros que dizem "eu", o indivíduo depara com uma grandeza não apenas relativa e, por isso, "incomparável"; ele também se vê diante de um poder incomparável e de um mistério que, confrontado com tudo o que ele aprendeu e esclareceu em detalhes, também é incomparável[6].

Ainda que a relação com essa grandeza incomparável tenha algo a ver com a experiência da diferença relativa entre pequeno e grande, ela é algo *sui generis*. Vê-la como projeção da experiência infantil da própria pequenez, como faz Freud em "O futuro de uma ilusão", chega a ser atraente, mas parece errôneo.

Sem dúvida, nesse caso estamos lidando com uma constante antropológica. É inegável que, em situações relativas entre pequeno e grande, os que dizem "eu" estão em relação mútua uns com os outros; porém, perante o universo e o destino, eles têm consciência de uma grandeza e de uma pequenez que, se por eles não tiver sido reprimida, já não é simplesmente relativa. Desse modo, chega-se às designações de "altíssimo" (por ser incomparável quando confrontado com todas as demais alturas) e de "sublime". Recentemente, também se elaborou a designação de "o totalmente outro" (porque não apenas é outro em relação aos demais, mas também porque é diferente em relação a tudo o que é diferente dos demais).

Se perguntarmos, então, como é vivenciada a situação de estar diante de algo totalmente diferente, incom-

---

6. Cf. a concepção de Schleiermacher sobre um sentimento de "absoluta dependência", que ele equipara à consciência de ter uma relação com Deus (*Der christliche Glaube*, § 4).

paravelmente grande, poderoso e enigmático (quando esses aspectos não são reprimidos), Rudolf Otto parece estar certo ao falar de um "estado de ânimo" especificamente numinoso[7]. Entre as diferentes definições para "numinoso", apresentadas por Otto, estão: o misterioso (*mysterium*) e o atemorizante (*tremendum*), que, ao mesmo tempo, é vivenciado como fascinante (*fascinans*) – de acordo com a vivência, ambos se unem no "temor reverencial" (Otto remete ao termo inglês *awe* como a melhor expressão desse sentimento). O "todo-poderoso" está no centro. Ele é a "grandeza incomparável", perante a qual o homem se sente pequeno.

Otto recorre a esse aspecto emocional, que ele resume em seu conceito de numinoso, como a essência do religioso, e é das religiões (em sentido estrito) que extrai a maioria de seus exemplos. Dá, não obstante, pouca importância a esse aspecto referente às pessoas e segue utilizando o neutro ("*das*" *Numinose* – o numinoso). Proponho tratar aqui de um dado da consciência que está na base tanto da mística quanto da religião. Poderíamos falar de uma protorreligiosidade ou de uma protomística. Contudo, eu gostaria que essa prioridade fosse entendida apenas em sentido conceitual ou psicológico, não naquele histórico. Não vinculo a ela nenhuma hipótese sobre a religiosidade arcaica, ainda que uma ideia como essa caiba bem ao modo como, por algum tempo, a ciência da religião representou a religião dos homens arcaicos, com base no conceito de maná dos polinésios[8].

O que se pode considerar insuficiente na apresentação de Otto é que ele se refere à consciência religiosa simples-

---

7. Otto, Rudolf. *Das Heilige*. Munique, 1917.
8. Cf., por exemplo, Van der Leeuw. *Phänomenologie der Religion*. Tübingen, 1956, §§ 1-4.

mente como fato e apresenta o numinoso assim descrito como algo ao qual os homens estão efetivamente relacionados. Mas queremos saber como isso acontece. Em minha opinião, isso se dá porque, em primeiro lugar, os que dizem "eu" vivem nos contrastes pequeno-grande, dependente-poderoso, conhecimento-ignorância, e, em segundo, porque não apenas se relacionam com indivíduos ou coisas, mas também estão em um universo. Quando se confronta emocionalmente com o universo, o indivíduo o experimenta como algo incomparavelmente grande, misterioso etc.

Com Mircea Eliade[9], podemos chamar o numinoso ou o sagrado de "sagrado" em oposição a "profano".[10] Ambos, o sagrado e o profano, pertencem ao modo como o que diz "eu", ao contrário dos animais de outras espécies, se relaciona com seu mundo. Além disso, ambos se baseiam no querer egocêntrico dos que dizem "eu", querer esse orientado por seus objetivos. De um lado, eles têm seus objetivos egocêntricos e, por isso, observam de modo instrumental – profano – o que lhes acontece no mundo. De outro, o mundo em sua totalidade apresenta-se a eles como um poder em relação ao qual a instrumentalização é insuficiente.

4

Pode-se pensar a religião e a mística como duas ramificações diferentes, e até mesmo opostas, quanto à sua

---

9. ELIADE, Mircea. *Das Heilige und das Profane. Vom Wesen des Religiösen*. Reinbeck, 1957. [Ed. bras.: *O sagrado e o profano*, São Paulo, WMF Martins Fontes, 2012.]

10. Para Otto, o sagrado se diferencia do numinoso porque só se produz quando o divino (determinado pelo numinoso) se vincula à ideia de "moral": o divino como a origem e a garantia do bem e do direito (cap. 20).

motivação e provenientes da base da consciência relacionada ao numinoso (posteriormente, esses ramos também se entrecruzam, mas, para ver isso com clareza, é melhor mostrá-los em separado). O problema comum que eles resolvem de maneira oposta é o da contingência. Esse problema resulta diretamente daquilo que pertence à estrutura antropológica básica, ou seja, do fato de que o querer humano refere-se ao futuro e, por isso, em primeiro lugar, orienta-se pelos objetivos (capítulo 2) e, em segundo, sempre é determinado por desejos no sentido estrito da palavra, isto é, por aquilo que se almeja e cuja satisfação não depende do próprio indivíduo (p. 35). Nem um nem outro ramo existem para os outros animais. Na medida em que o querer humano se orienta pelos objetivos, o indivíduo se acha em permanente tensão entre o sucesso e o fracasso. Tal tensão implica, em primeiro lugar, o fato de os homens precisarem se esforçar (capítulo 3), mas, em segundo, o de eles saberem que o sucesso depende não apenas deles. Além disso, o indivíduo se orienta voluntariamente por seus objetivos – sobretudo para evitar males – e sabe que pouco pode contribuir no que se refere a eles. Eis por que esses objetivos não podem ser caracterizados como objetos do querer, mas apenas do desejo.

Portanto, o que caracteriza o querer humano de modo muito mais essencial do que qualquer objeto determinado é a consciência da radical insuficiência da própria capacidade de agir para obter não apenas uma esperança qualquer, mas também seus objetivos mais elementares, como vida, saúde, alimentação e laços com os demais. Os infortúnios com os quais os animais das outras espécies só se confrontam quando eles ocorrem são antecipados pelos seres humanos como possibilidades. Assim, os seres humanos passam a vida conscientes da tensão entre uma satisfação e uma desilusão, que não dependem deles. Por conseguinte, também passam a vida temendo as frustrações, a infelicidade e, naturalmente, em máximo grau, a morte, a sua e a daqueles que lhes são próximos.

Para amenizar essa situação de sofrimento, dois caminhos foram seguidos na história da humanidade: o da religião e o da mística. Ambos implicam uma interpretação diferente e até oposta em relação ao universo numinoso em que se encontram os homens. O caminho para a mística consiste na relativização ou até na negação da importância que os desejos têm para o indivíduo; portanto, em uma *transformação da autocompreensão*. O caminho da religião, ao contrário, consiste em não alterar os desejos e, em vez disso, proceder a uma *transformação do mundo* mediante uma projeção do desejo. O poder que cerca os homens passa a ser condensado em seres discretos, de cujas ações pode-se imaginar que a felicidade ou infelicidade dependa e que possam ser influenciadas por nós. Também é possível pensar que essa influência seja exercida com ritos e magia, mas é fácil imaginar esses seres poderosos como pessoas, de forma que o relacionamento com eles possa dar-se analogamente à relação com homens poderosos: por meio de pedidos, agradecimentos, reconhecimento de seu poder e com um comportamento que demonstra responsabilidade.

Por duas razões, antecipei o aspecto do numinoso para que se possa compreender o religioso: em primeiro lugar, porque ele também compõe a base da mística e, em segundo, porque não creio que a referência ao numinoso possa ser derivada do fator mágico-pragmático há pouco destacado. Se o fator numinoso já não existisse de forma autônoma, seria totalmente concebível que os que dizem "eu" tivessem com seu meio uma relação puramente instrumental, que fosse não apenas técnica, mas também "religiosa", no sentido de que acreditassem em poderes dos quais dependessem seu sucesso e sua felicidade e sobre os quais pudessem ter influência usando de rito e magia. A dimensão da louvação a Deus, que para nós pertence de modo tão essencial ao que entendemos por religião, não pode derivar apenas do motivo pragmático.

Creio que, no fenômeno do religioso – no sentido estrito definido por mim (p. 128) –, muitos fatores parcialmente irredutíveis uns aos outros estejam ligados. Esses fatores são, em primeiro lugar, o sentimento do numinoso; em segundo, o recém-discutido fator pragmático; em terceiro, a personificação; e, em quarto, a crença (nem sempre presente) de que o bem divino é a fonte e a garantia do direito, uma crença que pode chegar até a ideia de que Deus é bom em um sentido "incomparável". Se a crença em Deus está desenvolvida a esse ponto, ela pode assumir aspectos que, em minha opinião, pertencem originariamente à mística. Ainda voltarei a esse tema.

Se perguntarmos, então, de onde vem a crença em deuses (meu terceiro fator), penso que seja difícil fundamentá-la fora do fator pragmático. Os homens *precisam* de deuses para influenciar o mundo em favor de seus próprios desejos[11]. Se na história recente da religião, em contraste com concepções mais antigas, salienta-se que não se pode comprovar empiricamente a existência de um estágio religioso de maná, uma fase em que o numinoso ainda não era vivenciado na forma de deuses, na minha opinião isso prova apenas que o motivo pragmático, ao lado do numinoso, obviamente sempre existiu em todo o

---

11. Deixo em aberto o quanto a crença em deuses também se baseia em uma tendência geral dos homens (ou dos homens "primitivos") a interpretar tudo o que acontece de maneira anímica.

universo. Como alternativa, pretendeu-se pressupor a crença em deuses como um *a priori* inato, em vez de entendê-lo a partir de sua estrutura antropológica. Mas isso também significa que o numinoso como tal não contém uma crença em deuses e, portanto, que na mística ele pode desenvolver-se de maneira independente em outra direção.

Atualmente, a crença em deuses e o fator pragmático que lhe dá apoio só podem ser vistos como uma projeção de desejos. (Por certo, não é necessário falar a respeito quando não se pensa a partir da perspectiva da primeira pessoa. Cf. pp. 127 s.). Trata-se não apenas da impossibilidade de provar a existência de Deus, mas também da impossibilidade de compreender a existência de deuses ou de Deus. Ninguém mais acredita que os deuses vivam no Olimpo ou que Deus esteja acima das nuvens. Isso contradiz tudo o que sabemos. No entanto, se alguém disser que Deus existe fora do tempo e do espaço, seremos incapazes de dar sentido à ideia de que existe alguma coisa que não pode ser localizada no espaço. Ademais, no momento em que fica claro que a crença em Deus é motivada em um desejo, ela fracassa em ultrapassar a barreira da consciência intelectual. (Sei que, da perspectiva de quem crê, a questão não está resolvida. Eu só quis colocar minhas cartas na mesa, sem a pretensão de dissuadir ninguém, e falo aqui apenas na primeira pessoa do singular.)

De meus dois exemplos (cf. pp. 121 s.), o que permanece em primeira pessoa é apenas aquele do zen-budista. Em princípio, a formulação é a seguinte: se estiver certo que hoje já não se pode ser religioso em sentido estrito e que o indivíduo só consegue recolher-se em relação ao que não pode perder, esse recolhimento só pode ocorrer em relação ao universo em sentido místico.

5

Já apresentei as razões pelas quais falo de uma oposição entre religião e mística (cf. p. 134). Tanto na religião quanto na mística, recorre-se ao universo numinoso na elaboração das frustrações (efetivas ou a serem temidas) relativas aos desejos. Na religião, contudo, esse recurso se dá com a projeção no universo de instâncias que devem servir de auxílio. Já para o místico, a conscientização da existência do numinoso – quer ele seja chamado de universo, de ser ou de Tao, quer seja visto como Deus – serve como ponto de referência a partir do qual ele se distancia, absoluta ou parcialmente, de seus desejos, tentando, assim, alcançar um estado de paz de espírito.

Antes de entrar mais concretamente na mística, é preciso fazer algumas distinções e diferenciações de princípios. Não importa que no começo pareçam um tanto simplistas. É possível distinguir as diferentes formas em que a mística (no sentido definido, p. 128) se nos apresenta segundo, sobretudo, dois pontos de vista: em primeiro lugar, como o distanciamento do "eu quero" é entendido: de modo relativo ou absoluto? Em segundo, de que maneira o universo, no qual o indivíduo se relativiza, é compreendido: como a multiplicidade em sua unidade ou como o desaparecimento do múltiplo no uno?

Segundo o primeiro ponto de vista, tem-se o seguinte contraste: (A) o objetivo é a renúncia completa de todo o querer, uma "paz de espírito" (se é que ainda se pode falar em algo parecido), que é buscada além deste mundo concreto, num estado puro de consciência (livre de todo objeto e de toda volição); portanto, uma mística da negação do mundo, como é característica das diferentes formas da mística indiana. (B) A outra possibilidade é a que, em minha opinião, tem sua representação mais enfática no taoismo: a paz de espírito almejada acontece em meio à nossa vida normal; o querer não é negado, e sim relativizado e circunscrito; as frustrações não são superadas, e sim integradas.

Com respeito ao universo no qual o místico se relativiza, é necessário, antes de tudo, esclarecer que ele é sempre um *uno* – o mundo em sua unidade –, no qual o místico se mantém ou se retrai. Não obstante, o universo como uno pode ser visto de duas maneiras: primeiro (i), como uno no qual toda a multiplicidade desaparece ou, segundo, (ii) como o universo tal como é dado na variedade das coisas no espaço e no tempo, mas visto em um conjunto unitário. De acordo com a primeira concepção (i), o objetivo do místico é unir-se ao uno (a chamada *unio mystica*). De acordo com a segunda, (ii), o místico se relativiza no mundo. Em vez de ver tudo a partir da perspectiva egocêntrica, ele se vê a partir do mundo.

6

Parece evidente que (B) combina com (ii), o que também ocorre no taoismo. Por outro lado, nem sempre (A) combina com (i). Embora valha para todos os místicos do tipo A o fato de que a multiplicidade das coisas desaparece junto com a dos desejos, na mística indiana, somente no vedanta se interpreta que a alma – o *atmã* –, renunciando a tudo, une-se ao fundamento do mundo – o *brâman*. Na ioga Sámkhya, o místico submerge apenas no fundo de sua própria alma e não sente essa experiência como a união com um ser. No budismo, o místico submerge no nada. O movimento místico é visto de maneira meramente negativa, como renúncia, e o ideal é o vazio.

Não obstante, essas três formas de mística da negação do mundo podem ser consideradas variantes de um conceito uniforme fundamental. Todas anseiam por uma meditação, cujo objetivo é renunciar a todo querer – a toda "avidez", como teria dito Buda – e, ao mesmo tempo, a toda multiplicidade. Em todas elas se aspira ao mesmo estado puro de consciência (ou seja, livre de vontades e objetos), só que esse estado é interpretado de modo diferente: como *purusha* (base da consciência) na Sámkhya; como união com brâman no vedanta; e como vazio no budismo.

A versão budista é a mais simples, pois se abstém de todas as interpretações ulteriores e vê o motivo prático – querer liberar-se do sofrimento e da avidez – como a única coisa relevante para a dinâmica da mística. O vedanta, ao contrário, compreende-se como verdade: o múltiplo seria aparente, e o real, apenas o uno. Visto da perspectiva da primeira pessoa, primeiramente é questionável se, na verdade, essa fundamentação ontológico-epistemológica não é uma forma de encobrir o direcionamento prático; e, em segundo lugar, se falar de um ser, que é apenas um ser, ou de um uno, que é apenas um uno, tem algum sentido. A mesma dificuldade pode ser encontrada em relação às místicas ocidentais, que não se compreendem de modo teológico, ou não apenas desse modo, e sim de modo ontológico e henológico.

Além disso, quando se esclarece que esta última realidade não é descritível por nenhuma palavra (como "ser" etc.), cabe perguntar como se deve entender, mesmo que apenas conceitualmente, essa última realidade além de toda multiplicidade. A dificuldade para responder a esse tipo de pergunta pode reforçar a noção de que o verdadeiro objetivo e a verdadeira experiência não são uma redução teórica da multiplicidade das coisas, e sim uma redução prática dos desejos e da consciência, e que o significado de "uno" está plenamente dado na meta subjetiva da paz de espírito[12].

Quando Rudolf Otto, em seu livro *West-Östliche Mystik* [Mística ocidental e oriental][13], mostra o quanto os filósofos vedantas Schankara e Meister Eckhart se confirmam mutuamente em sua mística de um ser absoluto, creio que isso apenas comprove que o uso do termo é igualmente problemático em ambos os lados. Tenho a mesma dificuldade em relação ao modo como Karl Albert, em seu livro *Einführung in die philosophische Mystik* [Introdução à mística filosófica] (Darmstadt, 1996), fala de um ser em oposição a muitos seres (p. 7 e *passim*). No upanixade Chandogya (em Albert, p. 93), um pai esclarece ao filho a ideia de um ser que tudo penetra, como se fosse uma substância onipresente ou uma "seiva", e, de modo análogo, no upanixade Bridhadaranayaka , um "hálito". Essas são comparações. Mas se são comparações para o "ser", então, como ele escapa da ideia de ser uma substância?[14]

7

O budismo não se expõe a dúvidas teóricas dessa natureza. Desse modo, é melhor dirigir-lhe as perguntas importantes, ou antes, práticas, referidas a este primeiro grupo de místicas, embora elas também digam respeito

---

12. Eventualmente, isso nos é confirmado pelos místicos; por exemplo, por Seng-t'san. Cf. a citação na nota 4, p. 128, que também diz: "O objeto deixa de existir quando o sujeito é tranquilizado."

13. 3ª ed. Munique, 1971.

14. Cf. minha crítica ao conceito de ser em Parmênides e Heidegger no texto "Das Sein und das Nichts" e em outros ensaios, in: *Philosophische Aufsätze*. Frankfurt, 1992.

às outras variantes da mística indiana. Como razão para argumentar que toda avidez deve ser abandonada, Buda diz, nas "quatro verdades nobres", que ela é a causa de todo o sofrimento. Para ele, o verdadeiro objetivo da dinâmica da mística é o desejo de livrar-se do *sofrimento* desta vida. Portanto, afastar-se do *querer* – da "avidez" – é apenas um meio para alcançar um objetivo. Destarte, em comparação com o modo como em geral é apresentado e como o introduzi, o sentido da mística adquire um viés peculiar. Trata-se, antes de tudo, não de um distanciamento no querer, e sim de uma libertação do sofrimento.

Somente a partir de então pode-se compreender por que o passo para trás nessa mística tem caráter absoluto. Estivesse a justificativa para esse recuo no desejo, não haveria razão para o indivíduo querer distanciar-se dele completamente. Também por essa razão, o que motiva o recuo do indivíduo não é, de modo algum, específico do homem. Os outros animais sofrem do mesmo modo que os homens e, na medida em que o querer é responsabilizado pelo sofrimento (o que é compreensível apenas parcialmente)[15], tampouco o desejo é considerado em seu aspecto especificamente humano, e sim naquilo que ele tem em comum com o querer dos outros animais. Na perspectiva indiana, aquilo que a esse respeito distingue o homem em comparação com os outros animais não é o fato de ele precisar da mística, e sim apenas de ele ser capaz de praticá-la.

No entanto, se o problema é o sofrimento, é compreensível que se vá por um caminho tão drástico? Quando se descrevem as circunstâncias do sofrimento de modo tão extremo como fez Buda em sua "primeira verdade nobre",

---

15. Cf. DANTO, Arthur. *Mysticism and Morality*. Nova York, 1972, p. 69.

então a resposta é afirmativa. De modo geral, a realidade da vida humana e animal consiste não apenas – qualquer pessoa admitiria de maneira banal – no fato de a vida ser permeada pelo sofrimento, e sim no fato de ela não ser nada além dele.

Ao ver as coisas desse modo, o indivíduo deveria sentir-se realmente motivado a se separar desta vida. Em contraste com a mística, não seria, então, o suicídio o caminho mais fácil? Não se pode passar ao largo da doutrina indiana do *samsara*, a roda infinita da vida em intermináveis reencarnações. A partir dela fica claro, em primeiro lugar, que, na perspectiva dos indianos, o suicídio não seria um modo de sair da vida e, em segundo, que somente a partir dela se compreende a extrema aridez da concepção de vida, que fundamenta a mística indiana em particular[16].

O que torna a mística indiana tão singular para o neófito são, sobretudo, aqueles aspectos ligados à doutrina do *samsara*. O fato de essa doutrina nunca ter sido colocada sequer em dúvida por ninguém na mística indiana é tão mais espantoso quanto saber que, evidentemente, só aos poucos ela se desenvolveu no período dos upanixades, mas que, em seguida, impôs-se de vez, sem nunca ser questionada. O que é especialmente curioso é o modo como nela o fator moral se une ao fator biológico. Uma reencarnação superior ou inferior (*carma*) resulta, obrigatoriamente, do comportamento bom ou ruim do indivíduo ao longo da vida. Para o neófito, isso parece um ardil sacerdotal, já que o conceito de *carma* cumpre claramente duas funções: em primeiro lugar, mediante o medo e a esperança, a de induzir os homens a agir mo-

---

16. No capítulo 3 do livro citado acima, A. Danto destaca, em especial, o tédio manifesto na ideia das intermináveis reencarnações.

ralmente bem; em segundo, a de impedir que os membros das castas inferiores se revoltem contra seu status, já que eles próprios o teriam merecido.

As doutrinas do *samsara* e do *carma* também têm um efeito imediato sobre o modo como o místico consegue acreditar ter alcançado seu objetivo. A meta de finalmente livrar-se do sofrimento exige mais do que os eventuais estados de iluminação mística. Quando, por exemplo, Buda alcançou sua iluminação, ele atingiu o nirvana, mas depois voltou à vida. Somente após sua morte é que teria, finalmente, se transformado no nirvana. Por causa disso, dois conceitos de nirvana foram distinguidos. O pano de fundo, nesse caso, é a convicção de que quem teve a iluminação perfeita já não reencarnará, pois à vida retorna apenas aquele que não trabalhou sua avidez. Desenvolveu-se até um sistema complicado para explicar quantas reencarnações ainda seriam necessárias depois de se chegar a este ou àquele ponto no caminho para a iluminação. Podemos nos perguntar como é possível saber tudo isso de modo tão preciso. O que para nós é particularmente difícil de entender nessa mística é o grau em que ela é atravessada por ideias que a nós pareceriam estranhas pressuposições empíricas.

Contudo, à diferença dos outros conceitos indianos de mística, mais fundamentados na teoria, o budismo tinha um potencial que conduzia para além desse conceito original e que, aparentemente, negava a vida em sua essência. No budismo maaiana, o nirvana foi interpretado como vazio (*sunyata*), produzindo, assim, uma nova concepção. Buda já tinha ensinado que não existia alma nem Eu. Esse conceito foi retomado e, para ressaltar o caráter insubstancial da pessoa, ela passou a ser designada como vazia. Contudo, a mesma expressão foi usada com um sentido positivo para designar o nirvana[17], o que acabou fazendo com que as oposições entre nirvana e samsara, e entre o uno místico e a multiplicidade do mundo fossem rejeitadas[18]. Mais tarde, esse pensamento foi desenvolvido, em especial, no zen-budismo chinês e japonês.

Obviamente, a preocupação com a reencarnação e, portanto, também a orientação primária da dinâmica da mística pelo problema do sofrimento estão em segundo plano no budismo chinês. No zen, o vazio é concebido mais como uma revelação de todas as coisas na perspectiva do uno, conforme ilustra a pintura no Extremo Oriente. Para mim não está muito claro até que ponto isso também acontecia nas diferentes orientações do budismo maaiana indiano. Mesmo nesse contexto, em que se trata apenas de organizar os diferentes conceitos e possibilidades, essas questões históricas não são tão importantes. Do ponto de vista estrutural e com a tese de que o nirvana não deve ser contraposto ao mundo, o budismo transformou-se de mística da forma, que apresentei na página 138 com (i), em mística (ii). No entanto, as diferentes correntes do maaiana e o zen mantêm o discurso de contraposição, que pertence à tradição budista. Desse modo, talvez se possa dizer que nele se articula uma mística (ii) com os recursos de (i). Isso explica o discurso particularmente "dialético" de Nagarjuna – nada deve ser respondido com sim ou não – e a garantia no zen de que o uno e o múltiplo são a mesma coisa, sem que se diga como isso deve ser compreendido.

Em contrapartida, no taoismo, que influenciou o budismo chinês e o japonês de modo essencial, temos uma

---

17. Cf. Conze, E. *Buddhism*. Oxford, 1951, pp. 130 ss.; e Schumann, W. *Mahayana Buddhismus*. Munique, 1990, pp. 32 ss.

18. Cf. o final do sutra do coração, organizado por Conze, E. *The Diamond and the Heart Sutra*. Londres, Buddhist Wisdom Books, 1958.

mística que, desde o início, une as estruturas B e (ii) e que, portanto, consegue se expressar sem nenhum paradoxo. Na mística taoista, o uno (Tao) é, desde o princípio, *o* uno que serve de perspectiva a toda multiplicidade. A mística taoista é deste mundo. Não é uma mística da fuga do mundo. Nela, o sofrimento não desempenha nenhum papel primordial e deve, simplesmente, ser integrado, não evitado.

8

Tanto o taoismo quanto o budismo são místicas. Em ambos o indivíduo almeja a paz de espírito na medida em que se distancia do próprio querer. Contudo, justamente porque há essa semelhança genérica, é possível esclarecer alguns traços fundamentais do taoismo contrapondo-o ao budismo. No *Tao Te King*, o Tao é visto como uma origem primária do mundo, que antecede o ser e o não ser; ao mesmo tempo, ele é aquilo que subjaz à lei do surgimento e do desaparecimento de tudo (as "dez mil coisas"). Ele é o uno *deste* mundo. Portanto, em oposição ao budismo, o taoismo é uma mística do tipo (ii) e do tipo B (cf. pp. 137-8), ou seja, embora, como o budismo, ele defenda a renúncia à avidez, ele o faz apenas porque ela é algo excessivo. Ele não procura acabar com os desejos. Assim como o budista, o místico taoista quer paz de espírito, não fora deste mundo, e sim dentro dele. Diferentemente do budista, ele não se quer livrar do sofrimento, e sim integrá-lo. Seu problema não é o sofrimento, mas o querer; não aquele em geral, mas precisamente aquele que constitui a egocentricidade específica do homem.

É por essa razão que o taoismo tem um significado especial para mim. O passo para trás que lhe concerne condiz exatamente com o aspecto específico do querer humano que tentei ressaltar na primeira parte deste livro. Como seu querer – que é objetivante e relativo ao tempo – independe da situação e seu comportamento é reflexivo, os que dizem "eu" ficam expostos a vulnerabilidades adicionais. Essas vulnerabilidades podem levar a uma *segunda reflexão*, mediante a qual eles podem perguntar-se como devem comportar-se *em relação a* esse querer excessivo. A mística taoista é uma tentativa de resolver esse problema oferecendo uma concepção extrema: recolher as antenas volitivas adicionais. Não pretendo avaliar o taoismo como uma doutrina terapêutica. Penso apenas que nele foram vistos problemas que nós também podemos levar a sério.

Quais são os excessos do querer que o taoismo pretende suprimir ou limitar? Cito, em primeiro lugar, um pensamento que nos escritos taoistas está mais à margem. No capítulo 17 do livro *Chuang-Tse* [Cheias de outono][19], ele é particularmente destacado: diante da imensidão do universo governado pelo Tao, quem o concebe se torna consciente de que a diferença entre "grande" e "pequeno" é relativa e passa a se conscientizar de sua própria insignificância e desimportância.

Isso leva a um segundo pensamento, que tem uma posição dominante tanto no *Tao Te King* como no *Chuang-Tse*. Em virtude da necessidade de reconhecimento, os homens acham importante parecer importantes (cf. p. 44). Segundo a sabedoria taoista, buscar afirmação e

---

19. Li o livro *Chuang-Tse* nas traduções muitas vezes divergentes de R. WILHELM (Düsseldorf, 1972) e B. WATSON (Nova York, 1968) e me apoio mais na do último. Para o *Tao Te King*, usei, sobretudo, a tradução de Robert G. HENRICKS (Nova York, 1989). Apoio-me também no livro de KALTENMARK, M., *Lao Tseu et le Taoïsme*. Paris, 1965 (tradução alemã: Frankfurt, 1981).

fama e colocar-se em evidência formam um componente do querer humano do qual o homem deve livrar-se completamente.

A esse respeito, os taoistas falam de um "não agir" (*wu wei*). Com isso, não estão pensando em inatividade, e sim em um agir que seja tão desprovido de intenção quanto o da natureza. É claro que os homens só podem agir intencionalmente. O que os taoistas querem dizer pode ser descrito do seguinte modo: *em primeiro lugar*, em seu próprio agir (incluído aquele político), não agir querendo alcançar o reconhecimento; *em segundo*, não se colocar objetivos desnecessários, ver o círculo do agir da maneira mais estreita possível (Lao Tse diz nos §§ 13 e 44: preocupar-se mais com o próprio corpo do que com a fama); não se preocupar de maneira exagerada com o futuro, livrar-se do ódio; *em terceiro*, não reparar em si mesmo ao atuar (*acting without self-consciousness*, poder-se-ia dizer em inglês), um pensamento que, mais tarde, foi adotado pelo zen-budismo.

Um terceiro conjunto de pensamentos é a comunhão dos opostos. Também nesse ponto os taoistas recorrem à natureza. Tudo na natureza está em um movimento ascendente e descendente, assim com o homem: nascimento e morte, crescimento e fenecimento, subida e descida. Quem vê as coisas da perspectiva do Tao aceita e até saúda cada mudança do destino, mesmo as desfavoráveis, pois elas pertencem à totalidade do círculo.

No Tao, o contraste com a mística indiana é particularmente claro. Morte e sofrimento são aceitos porque pertencem ao ciclo como um todo. Quando Lao Tse diz que quem desce também sobe (§ 41), isso deve ser interpretado não apenas no sentido de que ambos os movimentos se pertencem, mas também naquele de que, na descida, o Tao fica mais evidente do que na subida, quando é mais fácil permanecer egocêntrico. À diferença de Heráclito, que é lembrado devido a essa doutrina da comunhão dos opostos, a ideia aqui não é a de que a vida pulsa mais em meio aos contrários, e sim a de que aquele que pende demasiadamente para um lado e que não sabe ficar em repouso terá um fim ruim (*Tao Te King*, § 16).

Pode-se esclarecer em que medida o problema da comunhão entre morte e vida etc. tem a ver com o querer específico dos homens. Os seres naturais que não refletem simplesmente estão submetidos aos altos e baixos do ciclo (ou, a propósito desta curva, poderíamos pensar em uma parábola que sobe e depois desce). Em sua consciência, eles estão sempre no lugar da curva em que se encontram naquele instante. Os homens, ao contrário, *veem*-se subindo e descendo. Eles refletem sobre os acontecimentos e, por isso, em sua antecipação temporal, são expostos às emoções da preocupação, da esperança e do medo. Em virtude disso, apenas com uma segunda reflexão conseguem encontrar tranquilidade, pois nela já não se veem subindo ou descendo, e sim vivendo na consciência da unidade da curva. Esta é o que se designa Tao. Nessa segunda reflexão, a emoção da paz de espírito é alcançada. Para os outros animais, não existe a primeira nem a segunda reflexão, nem preocupação nem esperança, menos ainda a possibilidade da paz de espírito. Como nessa segunda reflexão o sábio taoista alcança um estado de tranquilidade, este pode parecer uma aproximação dos seres naturais, de maneira que nele Lao Tse consegue ver como objetivo do sábio voltar a ser como um bebê (§ 55).

A partir disso, também é possível compreender uma passagem no *Chuang-Tse* que, de outro modo, pareceria enigmática. No capítulo 6, está escrito o seguinte: os peixes se desenvolvem na água; os homens, no Tao. Sugere-se a seguinte interpretação: os outros animais têm um ambiente específico; os homens, ao contrário, não; eles sempre vivem sob novas condições e, por isso, em constante instabilidade. Por essa razão, só podem alcançar estabilidade referindo-se explicitamente ao Tao, a unidade nos opostos.

Creio que essa doutrina taoista dos opostos consiga nos falar de modo mais imediato do que teorias semelhantes em nossa própria tradição, pois tais teorias estão ligadas a estruturas ontológicas que trazem consigo dificuldades e incompreensibilidades adicionais, ao passo que os taoistas confrontam-se apenas com a problemática do agir e do querer humanos. Considero uma vantagem o fato de que nossas possibilidades de compreensão estejam originalmente ligadas à tradição ocidental. A doutrina taoista dos opostos contém apenas um mínimo de componentes teóricos. Seu objetivo é puramente prático: alcançar a quietude, tomando consciência da unidade de toda a curva.

Entretanto, não se pode ficar parado nesse estado, considerando que somos seres ativos. Não estamos simplesmente expostos ao destino, mas nele intervimos ativamente. Disso advém outro problema, que Chuang-Tse aborda com o par conceitual "céu e homem" e que é apresentado de modo mais claro no começo do capítulo 6: "Há coisas que não estão em nosso poder", e elas devem ser designadas como "céu" (nessa designação não reside nenhuma representação religiosa). Ao contrário: o que nesse contexto se entende por "homem" é o alcance da própria atividade. E com isso se quer dizer que a ação do homem não atravessa a ação do céu. Em outra passagem (capítulo 17), lê-se que o que é do homem não pode pertencer ao céu; o intencional não pode suplantar o destino.

No capítulo 6, esclarece-se que isso não é tão simples, pois: "Como posso saber se aquilo que tomo como coisa do céu não é, na verdade, coisa do homem, e se aquilo que tomo como coisa do homem não é, na verdade, coisa do céu?" A resposta é: já se teria de sabê-lo de antemão. Isso sempre mostra que o *wu wei* não implica nenhum quietismo. O indivíduo deve esgotar o espaço de ação que lhe foi dado, mas não deve correr contra os limites desse espaço. E à pergunta sobre onde ficam esses limites? não há critérios simples. Conhecer esses limites pressupõe que o indivíduo seja um "ser humano de verdade", e o texto oferece em seguida uma descrição detalhada desse ser humano e de suas capacidades para distanciar-se do querer excessivo, tal como indiquei acima. Seria, então, necessário já ter formada em si a disposição fundamental do sábio de conter-se em vista do Tao, para alcançar a sensibilidade em que, a cada vez, a diferença pudesse ser estabelecida.

"Em vista do Tao." Podemos nos perguntar em que medida essa perspectiva a partir do Tao é a condição necessária para que o indivíduo se torne um "ser humano de verdade"? Não funcionaria também sem o Tao, e não seria ele apenas uma flor de retórica? Não se trataria, simplesmente, de um modo de ser do homem? De fato, muitas passagens desse texto podem ser lidas como se se tratasse apenas de uma doutrina da sabedoria; e no *Tao Te King* há passagens que funcionam precisamente como uma doutrina do bom senso ("quem se comporta de tal modo viverá mais"). Por outro lado, sempre se recorre ao Tao. O trecho acima interpretado, no qual, aparentemente, se trata apenas do modo de ser do "ser humano de verdade" no contexto da pergunta sobre "céu e homem", é concluído com a frase: "Se ele (o ser humano de verdade) é um exemplo para os homens, tanto mais é aquilo de que dependem as dez mil coisas e que está na base de todas as transformações!" Segue-se, então, um breve parágrafo a respeito do Tao, sobre o qual já se havia dito antes que era o único que não se podia perder. Depois se faz uma enumeração das pessoas que "o teriam" – a que se refere esse "o": ao Tao ou àquele modo de ser? – e, finalmente, um relato que trata de uma imersão mística no Tao (*apud* Wilhelm, p. 88). Não acho que esse relato seja apenas um apêndice. O ser humano de verdade ganha confiança na imersão mística no Tao, da qual se diz nesse trecho que ela teria o nome de "paz no conflito"[20].

No entanto, obviamente o problema não é apenas de interpretação. A partir dessa questão, trata-se de saber se aquele que diz "eu" é capaz de recolher-se e distanciar-se de si mesmo e de seu querer, sem que isso se dê em vista de algo. Seria suficiente ele se referir à própria vida e dispor de certo conceito a respeito dela, por exemplo, algo como a paz de espírito?

Nas pp. 126-7, neguei a possibilidade de o indivíduo recolher-se na mera autorreferência. Contudo, nessa passagem, por autorreferência eu imaginava, em particular, o aspecto formal da reflexão sobre si mesmo na escolha e na pergunta. Por certo, essa autorreferência formal não é suficiente, pois a pergunta é a seguinte: como se deve/quer viver? Por sua vez, a pergunta orienta-se por um "como" da vida. Em contrapartida, agora estamos nesse "como".

Seria, então, pensável o conceito de levar uma vida no "como" da paz de espírito sem referir-se a algo? Entretanto, a paz de espírito é algo que, tal como a felicidade e o prazer, não se pode determinar diretamente. Usando a terminologia dos taoistas, pode-se dizer: atenha-se ao Tao,

---

20. Wilhelm salta a enumeração de pessoas. Na interpretação da frase que citei entre aspas e cujo sujeito Wilhelm pensa que seja "a natureza" (p. 87) (o céu), sigo Watson, que considera o sujeito "ele".

e a paz de espírito se produzirá por si mesma. Analogamente, formulei do seguinte modo na p. 122: o zen-budista se recolhe na medida em que tudo o que faz orienta-se pelo vazio. Tao e vazio não estão muito distantes um do outro.

No entanto, pode-se perguntar novamente o seguinte: não são ambos apenas flores de retórica? Que pontos de referência estranhos são esses? O Tao – ou o vazio – não entram aqui no lugar de Deus? Mas também se pode colocar o seguinte contra-argumento: se Deus tem essa função, por que Ele não entra no lugar do Tao?

Quem acha mais compreensível a referência a Deus, escandaliza-se com o aspecto impessoal do Tao e do vazio. No âmbito da tradição cristã, era de supor que, quando faltasse a fé em Deus, a autorreferência seria a única coisa com a qual o indivíduo se confrontaria até a morte. Mas o contra-argumento questiona: na verdade, não se confrontariam todos até a morte com o universo dos homens e das coisas? E não seria natural ver esse universo em um "como" determinado e uniforme, em relação ao qual o indivíduo pode distanciar-se de si mesmo? Cabe lembrar aqui o primeiro ponto que destaquei com respeito ao distanciamento taoista de si mesmo: o parecer desimportante a si. Como é possível parecer desimportante a si sem fazê-lo em relação a algo? (É claro que, nesse caso, se poderia responder o seguinte: justamente por isso, não faria sentido considerar-se desimportante fora de contextos concretos, dentro de um grupo ou relativamente a uma coisa.)

9

Na p. 126, eu disse que a religião e a mística estão em lados opostos quanto ao modo como resolvem o problema da contingência. Nesse caso, o pressuposto era de que a religião fosse definida, tal como o fiz, como uma projeção de deuses ou de um Deus e que se fundasse no "motivo pragmático" (ver p. 126). Não obstante, como se pode ver especialmente nas religiões monoteístas, as religiões também podem adotar o motivo místico ao qual aquele pragmático se contrapõe. Embora eu tenha contraposto não apenas o motivo pragmático, mas também o religioso como tal ao místico, para mim o motivo pragmático é o essencial para a religião (do modo como a defino, ou seja, como crença em deuses). Disso também depende o fato de que, embora o componente místico seja indiscutível nas religiões, não é de modo algum evidente onde as religiões – para as quais a crença em Deus se funda na necessidade de ajuda – vão buscar o motivo místico.

Quando falo de um fator místico nas religiões – em especial no cristianismo –, é claro que não quero dizer "místico" no sentido corrente de um modo peculiar de vivência. A palavra tem de continuar a ser compreendida no sentido em que a defini, qual seja: como um distanciamento não apenas relativo, mas fundamental de si mesmo, do próprio "eu quero".

A partir de seu motivo pragmático, a religião resulta de uma preocupação em satisfazer os próprios desejos. Poderíamos pensar que a oração é, antes de tudo, um pedido. Desse modo, como é possível que ela possa como que se converter no contrário de um pedido para a satisfação de um desejo? Tal como é o caso quando Jesus, em Getsêmani, embora primeiro peça a Deus para dele afastar "este cálice", logo acrescenta: "Todavia, não seja como eu quero, mas como Tu queres" (Mt 26, 34); e tal como também aparece no Pai-nosso: "Seja feita a Tua vontade."

Esse é um modo de ser que coincide com aquele que antes foi defendido por Chuang-Tse em sua doutrina "do céu e do homem", com a única diferença de que Jesus expressa a disposição de satisfazer a vontade de Deus e de acolhê-la positivamente em sua própria vontade, ao passo que Chuang-Tse se refere de modo impessoal ao céu, mas também acolhe positivamente em sua vontade aquilo que é dado (o destino desfavorável é "saudado").

Qual seria o motivo disso para os fiéis, por um lado, e para os taoistas, por outro? Creio que seja mais fácil responder a essa pergunta com respeito aos taoistas do que aos fiéis, pois, para eles, a aceitação do que é dado resulta diretamente da comunhão entre os contrários, ou seja, de seu distanciamento na unidade do mundo. E para os fiéis? De onde vem a aceitação do que é dado? Não se pode dizer (analogamente ao esclarecimento que acabei de dar) que venha da compreensão da essência de Deus. O que se deve dizer é que vem da obediência a Deus (pelo menos essa é a opinião corrente). Mas será que se deve entender um modo de ser tão fundamental como a aceitação do que é dado a partir de uma virtude, que é aquela das crianças? Isso se encaixaria no esquema que questionei antes (pp. 131 s.), segundo o qual a religião é vista como a projeção da experiência infantil. No entanto, se não quisermos que, para Jesus ou outra figura religiosa, esse motivo da obediência valha como determinante, então penso que seja necessário dizer que, para eles, o motivo místico também é decisivo: o que se chama de Deus é o Tao, nada especificamente pessoal.

Para uma melhor compreensão desse problema, parece-me proveitoso recorrer aos *Reden der Unterweisung* [Discursos de instrução], de Meister Eckhart[21], que se referem inteiramente ao pensamento "seja feita a Tua von-

---

21. Cito segundo a edição de QUINT, J. *Deutsche Predigten und Traktate*. Munique, 1963.

tade". Eles tratam da correta relação com Deus e com a própria vida. A oração também tem lugar nos discursos, embora apenas de modo marginal (§ 1). A melhor delas, diz Eckhart, não é aquela em que pedimos a Deus para nos dar algo, nem mesmo aquela em que pedimos: "Senhor, dá-me Ti mesmo ou a vida eterna", e sim aquela em que dizemos: "Senhor, não me dês nada que não seja o que queres." Segundo Eckhart, a partir desse modo de ser que se expressa nessa oração, o indivíduo desprende-se de seu próprio eu (§ 3). Em outro trecho, ele se expressa de maneira semelhante ao Chuang-Tse nesse contexto (ver p. 150) sobre o "ser humano de verdade", e diz: "Somente a renúncia à vontade faz de alguém um ser humano verdadeiro" (§ 11), e com isso quer dizer o mesmo que Chuang-Tse sobre a aceitação do céu.

Obviamente, afirmar que se tenha de renunciar à vontade é um modo equivocado de se expressar. O que se tem em mente é sempre a "obstinação", ou seja, a insistência para que as coisas sejam tal como desejadas. Liberar-se disso exige justamente um querer: aquele mais elevado, ao qual me referi como "segunda reflexão" (p. 146). Isso é o que Eckhart chama de uma "boa vontade", a saber, aquela que "não tem nenhum vínculo egocêntrico" (§ 10).

É natural que muitas expressões sejam mal compreendidas aqui, incluída aquela do "vínculo egocêntrico", pois é certo que o passo para trás, característico da boa vontade, só pode ser compreendido como um "eu quero". Aquilo a que Eckhart se refere com a renúncia ao "vínculo egocêntrico", portanto, relativo ao sujeito, é designado em outra passagem, em uma expressão relativa ao objeto, como "desvinculação" com respeito às coisas, como uma "libertação" em relação às coisas (§ 6), um "desapego" (§ 7), e esclarece essa ideia também recorrendo à conhecida passagem na qual Paulo diz: "Como nada tendo e possuindo tudo" (2 Cor 6, 10).

E, naturalmente, mal compreendido é todo posicionamento, aqui como no taoismo, quando tomado no sentido de um recuo a um modo de ser meramente passivo, quando, na verdade, trata-se de tornar produtiva a situação dada e libertar-se dos excessos emocionais infrutíferos. Segundo Eckhart, não se deveria dizer: "Nunca estarei bem se não estiver neste ou naquele lugar ou não fizer isto ou aquilo; tenho de viver em meio ao que é desconhecido, numa cela ou num mosteiro" (§ 3). Portanto, Eckhart não tem em mente um recuo em relação ao mundo. Esse seria um ato único, enquanto o verdadeiro passo para trás é aquele que deve ser dado em toda situação.

Qual o motivo para esse modo de ser? A essa pergunta, Eckhart, assim como outros místicos, responde de dois modos: um subjetivo e outro objetivo. Subjetivamente, esse modo de ser conduz a um "ânimo estável" (§ 6), à "paz" interior (§ 7 e *passim*). Objetivamente, porque somente assim se está com Deus, e isso é expresso de uma forma que não está disponível para as místicas impessoais, a saber: ao renunciar à obstinação, o indivíduo "se integra à vontade de Deus" (§ 10 e *passim*). Eckhart afirma que ambos os aspectos, o subjetivo e o objetivo, são equivalentes, pois "o tanto que estás em Deus, estás em paz, e o tanto que estás fora de Deus, estás fora da paz".

Eckhart não entende essa mística como um recuo em relação às coisas, "pois todas as coisas têm para ele (o 'ser humano de verdade') o sabor de Deus" (§ 6). O indivíduo permanece "em meio às coisas e pessoas". Não chega a Deus "fugindo das coisas e retornando exteriormente à solidão". Tem de "aprender a conhecer uma solidão interior". Trata-se de "abrir uma passagem em meio às coisas e nelas alcançar seu próprio Deus" (*ibid.*). Isso é muito parecido com o modo de ser, por exemplo, dos zen-budistas, que veem o vazio não fora das coisas, e sim dentro delas, como aquilo que as faz transparentes. Também faz lembrar a concepção, no maaiana, segundo a qual o homem, ao se tornar consciente de seu vazio, abre-se para ele (cf. p. 146).

Posso voltar agora ao problema que comecei a tratar quando me referi a Jesus: em que medida Deus desempenha aqui o papel de Deus e não o de Tao? É claro que uso o discurso sobre o Tao como forma de abreviar qualquer concepção impessoal do numinoso, em vista do qual um ser humano se distancia de si mesmo. De fato, para introduzir esse modo de ser no § 1 de seu tratado, Eckhart partiu da obediência, mas depois deixou de falar dela. Poderíamos pensar o seguinte: ao ver Jesus como a vontade divina – do mesmo modo como Chuang-Tse a tratou impessoalmente de "céu" e "destino" –, Eckhart produziu uma concepção pessoal irredutível. No entanto, temos de nos perguntar se a sua vontade divina ainda exerce sua função normal quando o indivíduo deixa de pedir alguma coisa a Deus, pois, desse modo, o indivíduo poderia esperar ou temer que essa vontade atuasse de um ou de outro modo. Com efeito, em todo o texto de Eckhart, aquilo que é chamado de vontade divina é simplesmente o que sempre é dado como real. E essa não é uma peculiaridade dos textos eckhartianos, e sim o resultado da mudança sofrida pela oração, que passou de um pedido a uma declaração de que se aceita o que é dado. Pode-se dizer que o modo de ser religioso acolhe o místico. Mas também se pode dizer que esse modo de ser deixa de ser religioso e se converte em mística. Isso depende de como se entende a palavra "religioso". Contudo, deveria ficar claro que, nesse caso, não se está diante de uma questão terminológica, e sim de um problema que, com certeza, só pode ser visto a partir da perspectiva da primeira pessoa. O problema de saber até que ponto se pode ser místico sem religião (em sentido estrito) não se coloca para alguém que faça parte da tradição budista ou taoista, e sim para aqueles que fazem parte da tradição cristã. Quando acreditam que já não podem considerar-se religiosos, têm de perguntar-se até que ponto sua autocompreensão mística (se tiverem uma) ainda contém componentes que só podem ser entendidos em um sentido pessoal, como ocorre no caso do agradecimento e da louvação, bem como naquele dos harmônicos pessoais que, sem dúvida, existem na compreensão de Eckhart sobre a aceitação. Será que a única razão para acreditarmos que não somos capazes de prescindir de posicionamentos pessoais ("seja feita a Tua vontade") estaria no fato de pertencermos à tradição judaico-cristã? Ou será que é porque, de antemão, os homens são tão dependentes de relações pessoais que, quando se recolhem tendo em vista o numinoso, algo essencial lhes escapa sem a projeção de uma personalidade divina?

10

Se compararmos, como já fizemos, o modo de ser cristão com o taoista, perceberemos que no último falta o amor. O sábio taoista é amigável e benevolente, mas reservado e autossuficiente. Vale questionar se e de que maneira a ideia de um amor universal e abnegado pode surgir, por um lado, na religião e, por outro, na mística. O exemplo mais impressionante de ligação entre mística e amor universal é o ideal bodisatva do budismo maaiana, mas antes temos de entender o princípio dessa relação.

No Antigo Testamento, a frase "ama teu próximo" era um mandamento. À pergunta: "Por que se deve amar o próximo?", a resposta era: "Porque Deus manda." Portanto, nesse caso, ideia do amor abnegado funda-se no aspecto pessoal da religião, em sua forma categórica de autoridade e obediência. Se perguntarmos em que o mandamento se baseia, nenhuma resposta poderá ser dada ou será inconcludente.

No Novo Testamento, o amor continua sendo um mandamento divino, mas agora este é apoiado pela ideia de que Deus ama os homens (1 Jo 4). O motivo para o amor abnegado e universal resulta do desejo de estar próximo a Deus. Contudo, a pergunta feita acima sofre um mero deslocamento, pois a ideia de que Deus ama os homens (ou mesmo de que "Deus é o amor", 1 Jo 4, 16) aparece simplesmente como um fato. No âmbito do modo de ser religioso, o indivíduo aceita esse fato com admiração e humildade, mas quando reflete sobre ele, esse fato resta como algo último (os teólogos falam de "revelação"). Esta me parece ser uma dificuldade fundamental. Não vejo como, a partir do modo de ser religioso *como tal* (isto é, sem incorporar um fator místico), a ideia de um amor universal possa ser compreensível.

Retornemos agora ao budismo maaiana. Talvez a passagem do *arnat* – o ideal do santo que pratica a meditação ascética no budismo teravada – para o bodisatva infinitamente bondoso seja o acontecimento mais surpreendente na história da mística. Embora o bodisatva almeje a redenção no nirvana, ele a posterga até a redenção de todos os seres, da qual participa ativamente. Às vezes isso é descrito de modo que, ao lado do motivo da sabedoria, aparece um segundo com igual peso: a compaixão[22]. No entanto, essa caracterização adicional do novo ideal é insatisfatória. Como o novo conceito podia ser compreendido de maneira uniforme e como podia contrastar, de maneira compreensível, com o antigo ideal? E isso de modo que a esse ideal fosse contraposto o fato de que o arhat, por ter almejado apenas sua própria redenção, não tinha se libertado de sua autorreferência[23]. Contudo, poder-se-ia objetar que não era abnegação o que Buda almejava, e sim a libertação dos sofrimentos, e isso o indivíduo só consegue alcançar para si mesmo. Obviamente, estão em jogo dois conceitos de abnegação. O ideal meditativo de Buda era alcançar a verdade, que, tal como ele a entendia (e como ela foi entendida em quase toda a mística indiana), consistia no fato de que, na realidade, não existe nada determinado e, por conseguinte, nada egocêntrico. Isso é um pouco diferente do modo de ser da abnegação, que consiste no comportamento de ter o bem-estar alheio como objetivo (altruísmo). Nesses dois conceitos, a abnegação pressupõe a negação do outro. Não obstante, pode-se objetar à aspiração ao nirvana o fato de que, ao se esforçar para alcançar o estado de ausência do eu, o arhat procura alcançar algo *para si*, embora alegue que esse "si" não existe.

Se assim se acredita que é possível provar uma contradição no arhat[24], então, por sua vez, o ideal do bodisatva cai em uma contradição ainda mais evidente[25]. Se nada existe de individual e de egocêntrico na verdade (essa é a pressuposição geral do budismo, a que se adere tanto no maaiana quanto no teravada e, diga-se de passagem, também no vedanta), então tampouco existe uma pessoa pela

---

22. Cf. o texto *Buddhism* em Conze, *op. cit.*, p. 125.
23. Cf. Conze, *op. cit.*, pp.126 s., e Danto, *op. cit.*, p. 75.
24. Cf. Conze, *ibid.*, e Danto, *ibid.*
25. Cf. Conze, *op. cit.*, p. 129.

qual o bodisatva possa sentir compaixão. Sabedoria e compaixão seriam, pois, dois caminhos contraditórios. Conze mostra que, no maaiana, essa contradição foi totalmente considerada e aceita. E quando alguém se relaciona com a contradição tal como Nagarjuna ensinou, então as coisas podem ficar como estão.

Entretanto, mesmo que no maaiana essa tenha sido a última palavra (e que assim também se tenha mantido no zen), a questão não precisa ser essa ("para nós"). Certamente, essa contradição só se dá quando assim vemos o lado da sabedoria, quer dizer, da mística – como é o caso no budismo e no vedanta –, de maneira que o uno a que o místico se refere seja considerado aquele em que toda multiplicidade desaparece, e não a uniformidade deste mundo (cf. p. 138). No entanto, não apenas o taoismo mostra que é possível ver o místico dessa segunda maneira. A meu ver, a questão em si parece deixar isso claro. E até mesmo no maaiana houve concepções correspondentes, em especial a doutrina da "interpenetração" de todas as coisas, tal como foi defendida no Gandavyuha, último capítulo do sutra Avatamsaka[26]. Sem dúvida, essa doutrina é uma tentativa de amparar ontologicamente o ideal do bodisatva relativo ao amor universal. Se a contradição não assusta na prática, então não é preciso evitar essa duplicação na teoria. Ela nem chega a implicar uma contradição. Na verdade última, poder-se-ia dizer, tudo seria uno, e isso teria, no mundo das aparências (ou na falsa consciência dos homens), seu correspondente na unidade e na interpenetração de todas as coisas. Contudo, o primeiro elo dessa duplicação não se concretiza em três situações: se partirmos da diferença

---

26. Cf. Suzuki, T. *Karuna. Der Bodhisattva-Pfad im Buddhismus und im Zen*. Berna, 1989, pp. 71 ss.

que fiz (pp. 139-40); se considerarmos que o pensamento de uma unidade, na qual toda multiplicidade desaparece, é uma construção problemática, provavelmente baseada apenas numa ideia prática (em determinada ideia de mística; cf. p. 142); e se levarmos em conta que, por outro lado, a unidade do mundo é aquilo que, para o que diz "eu", constitui um fato indubitável e que é possível interpretar a uniformidade deste mundo, seja de modo taoista, seja de outro modo.

A essa altura, a linha de pensamento pode ser completamente invertida: em vez de partir da ideia do amor universal, como no maaiana, como se ela fosse um novo motivo, e de se perguntar como evitar que ela entre em contradição com um suposto conceito de unidade mística, parece muito mais natural partir da concepção mais clara de uma mística mundana (segundo o modelo (ii) da p. 138) e expor a ideia de um amor universal como a única forma convincente do modo de ser místico. O núcleo de uma mística mundana é que o indivíduo se considere menos importante relativamente ao mundo, isto é, relativamente aos outros seres que encontra no mundo, sobretudo os outros seres humanos. No fim do capítulo 4, tentei mostrar que em todo distanciamento de si mesmo em favor dos outros há um traço místico (p. 93). Entre as autorrelativizações parciais e aquela não apenas parcial da mística, existe uma passagem movediça. O caráter específico da autorrelativização mística é o fato de ela acontecer em relação ao universo, isto é, a todos.

O que o maaiana critica com respeito à mística antiga é o posicionamento originariamente passivo e contemplativo do místico. Ao conceito de amor, o místico poderia objetar que ele apenas reconduziria a objetivos e que, portanto, recairia na egocentricidade. Essa objeção, porém, pode ser enfrentada com determinado conceito do amor ativo – por isso não se usa a palavra "amor", que é ambígua, mas se fala em compaixão. Inversamente, pode-se objetar ao místico contemplativo que, ao aspirar à sua própria paz de espírito, ele acaba ficando preso à egocentricidade, e isso só pode ser superado em um modo de ser ativo de compaixão universal.

Se no lugar do modo de ser contemplativo do místico entrar um modo de ser ativo, dificilmente se conseguirá imaginá-lo como outra coisa que não a compaixão universal ou o amor desinteressado. Aqui se nos impõe o termo "bondade de coração". Provavelmente, ao conceito de bondade de coração pertence a ideia de "[ser] igual com todos". Porém, como entender esse comportamento equânime e desinteressado senão a partir da mística? Que outra fonte permitiria entender uma igual bondade de coração para com todos? Esse não é um conceito moral original[27]; tampouco se pode compreender a bondade de coração como parte da constituição genética. Por isso, quando se tem a impressão de que a bondade de coração é própria dos homens "por natureza", essa noção se deve ao fato de que a possibilidade da formação de uma perspectiva mística – o distanciamento de si mesmo – está na estrutura natural dos que dizem "eu".

Não deveria, então, a mística apresentar-se com o único fundamento compreensível de um modo de ser do amor universal em relação a outras concepções de amor já estabelecidas? De acordo com seu sentido, os outros

---

27. Todavia, esse conceito pode ser integrado à moral (cf. a antepenúltima parte do artigo "Wie sollen wir moral verstehen?" [Como devemos entender a moral?] (*Aufsätze 1992-2000*). Ou então se entende a "moral" em sentido amplo, podendo, com Bergson, falar das "duas fontes da moral". Jesus diferenciou dois níveis de moral: o primeiro, dos mandamentos, e o segundo, o nível "perfeito" do "reino de Deus" (Mt 19, 16 ss.)

únicos fundamentos do mandamento e do exemplo, tal como os conhecemos a partir do Antigo e do Novo Testamentos, só podem ser compreendidos como secundários. É fácil interpretar o modo como Jesus conectou a despreocupação em relação ao futuro (Mt 6, 25) com o amor universal, nesse sentido próximo ao taoista, como mística em veste religiosa.

Seja como for, o budismo maaiana parece ser o caso mais inequívoco no qual um modo de ser do amor que não discrimina nem é desprovido de interesse foi visto como consequência explícita do distanciamento místico de si mesmo. As aparentes contradições resultantes seriam apenas consequências do caráter em que a mística foi interpretada no budismo. Esse caráter visa especificamente à fuga do mundo e à extinção daquilo que é individual. (Em vez de ver as contradições como um sinal de sabedoria mais profunda, é melhor reconhecê-las como consequência de obscuridades intelectuais.) Conze mostrou que a ideia da bondade universal já estava presente até mesmo no budismo teravada, embora ele entendesse a "benevolência ilimitada"[28] apenas no sentido de um exercício preparatório para a completa renúncia.

Depois de afastar a aparente contradição na crítica maaiana ao ideal teravada, pode-se aplicar a mesma crítica a todas as demais místicas originariamente contemplativas; portanto, ao vedanta, mas também ao taoismo. Enquanto a mística, numa orientação primária, persistir na própria paz de espírito, o que diz "eu" não conseguirá distanciar-se radicalmente de si mesmo. O ideal bodisatva seria, por fim, a única forma consistente do modo de ser místico.

---

28. Cf. Conze, *op. cit.*, pp. 102, 128.

CAPÍTULO 7
ESPANTO

Aquele aspecto do numinoso, que Rudolf Otto designa como o misterioso (*mysterium*) e o espantoso (*mirum*) (cf. p. 131), ficou em segundo plano no capítulo 6. Na mística, quando um homem que se distancia do que é importante para ele acaba se colocando em relação com o mundo, ele tem, explicitamente, de prestar atenção no mundo em vez de reparar no saber implícito de uma totalidade, que, como demonstrado no capítulo 1, pertence de antemão à consciência objetivante dos que dizem "eu". Os místicos taoístas, por exemplo, faziam isso ao falar do Tao, que domina o céu e a terra. Como é possível compreender essa atenção dedicada ao mundo de um modo que satisfaça às exigências atuais?

É pertinente fazer essa pergunta inspirando-se em Wittgenstein, pois, em sua "Conferência sobre ética"[1], ele caracterizou o espanto com a existência do mundo, por um lado, como sua "vivência *par excellence*" e, por outro, con-

---

1. Essa conferência foi publicada em *Philosoph. Review* 74 (1965), pp. 3-12. Tradução alemã de J. Schulte: WITTGENSTEIN. *Vortrag über Ethik*. Frankfurt, 1989.

siderou sem sentido as proposições que exprimem esse espanto, tais como: "Estranho que exista alguma coisa" e "estranho que o mundo exista". Segundo ele, a expressão linguística dessas vivências é um "disparate", um "choque inútil" contra os limites da linguagem.

No *Tractatus* ficou claro, sem que fosse necessário demonstrar expressamente, que proposições como essas não podiam caber na concepção semântica do primeiro Wittgenstein. Em contrapartida, na "Conferência sobre ética", Wittgenstein justifica por que tais proposições não fazem sentido. Essa justificativa também pode ser esclarecedora fora da perspectiva do *Tractatus*, pois não podemos nos espantar com alguma coisa se também não formos capazes de imaginar que não nos espantamos.

Poderíamos pensar que Wittgenstein voltaria a se dedicar ao problema partindo da perspectiva semântica de sua filosofia tardia. Mas ele não o fez, embora a mística fosse tão central para ele[2]. Teria a mística deixado de ser central para ele naquele momento, ou Wittgenstein teria considerado inabalável o argumento que apresentou na conferência?

De todo modo, o problema tem de ser retomado, pois o fato de que podemos explicitamente prestar atenção no mundo parece fundamental para a mística, e, além disso, não só Wittgenstein, mas também outros filósofos do século XX[3], sobretudo Heidegger, se orientaram por essas proposições.

Por que justamente os filósofos do século XX? Se refletirmos sobre essa pergunta, poderemos compreender melhor em que consiste o peso dessas proposições. Elas

---

2. Cf. WITTGENSTEIN, L. *Briefe an Ludwig von Ficker*. Salzburgo, 1969, p. 35, e BARRETT, C. *Wittgenstein on Ethics and Religious Belief*. Oxford, 1991.

3. Cf. a última parte do artigo *"Staunen"* [Espanto], redigido por E. Sain e T. Trappe para o *Historisches Wörterbuch der Philosophie*.

substituem a fórmula anterior, que era usada pela filosofia ocidental para mostrar como o indivíduo passava a prestar atenção em tudo. Segundo Aristóteles, ente e uno são os conceitos mais universais (*Metafísica*, 1001a22). Por isso, a pergunta mais universal seria: o que é o ente como tal (1003a21)? Também essa foi uma tentativa de estabelecer o ápice do espanto. Embora Aristóteles não fale de espanto nesse contexto, utiliza o discurso, para ele equivalente (cf. 982b17), sobre a "aporia" (1028b3).

Como entender o fato de que, no século XX, a fórmula do espanto em relação ao mundo tenha entrado no lugar do espanto em relação ao ente como tal? Atualmente, o habitual discurso historicizante sobre o "fim da metafísica" diria que ela está no fim; portanto, já não se pode empregar sua fórmula fundamental. Porém, essas ideias de que já não se "pode", como se a época "da" metafísica tivesse passado como acontece a uma planta, inverte as coisas. Em vez de usar esse discurso, poderíamos refletir sobre o que há de insatisfatório na antiga fórmula e qual a justificativa para agora nos expressarmos de maneira diferente.

Na fórmula aristotélica, a indagação se refere apenas a uma característica universal de tudo, de tudo o que é individual, e o fato de que tudo o que é individual está relacionado a todas as outras coisas no mundo é suprimido. Não se fala do universo, só do "universal". Passa-se de um a outro e constata-se o que eles têm em comum ("o que convém a cada um como tal" (1003a21)), enquanto a nova fórmula do espanto refere-se, de antemão, à abrangente região que tudo contém e na qual se pode passar de um a outro. Eis a razão para o discurso sobre o "mundo" e a constante formulação com uma oração subordinada ("que algo exista")[4].

---

4. O mesmo se observa em Heidegger, que, no entanto, empregou formulações linguisticamente menos precisas. No posfácio a "O que é

Passo agora à reflexão acerca do discurso sobre a admiração com a existência do mundo. Trata-se, propriamente, de *duas* reflexões: em primeiro lugar, teria a proposição "algo existe" ou "o mundo existe" algum sentido compreensível? Em segundo, no caso de ela ter um sentido, é possível compreender a admiração (ou o estranhamento) que isso provoca? Em sua "Conferência sobre ética", Wittgenstein limitou-se à segunda pergunta. Ele só indica que a verdadeira dificuldade está na primeira questão quando observa que se trata de um mau uso não somente da palavra "espanto", mas também do termo "existência".

Seria mesmo inadequado usar a palavra "existe" para se referir à existência de alguma coisa ou do mundo? Pelo menos é certo que a palavra, nesse caso, não é empregada em seu sentido habitual; porém, diante da singularidade do fato, isso não é de admirar. A pergunta só pode ser se a palavra "existe" tem um sentido compreensível também nesse emprego inabitual (um sentido "explicável", como se deve dizer com o Wittgenstein tardio). Quando Wittgenstein fala de mau uso, o pano de fundo é aquele significado de "existe" ao qual Russell pensava ter reduzido todas as proposições normais de existência. O significado que o quantificador existencial da lógica formula. Contudo, essa redução é problemática, pois a explica-

---

metafísica", ele fala do "milagre" "que é o ente" (*Wegmarken,* pp. 103, 105) (o que seria uma tautologia), e, no início da *Introdução à metafísica,* recorre à fórmula de Leibniz: "Por que há o ente em vez do nada?", que remete a um fundamento. Quando Heidegger, em sua filosofia tardia, esclarece repetidas vezes que a metafísica não perguntou pelo "próprio ser" ou pela "verdade do ser", mas somente pelo ente como tal (cf., por exemplo, a introdução a "O que é metafísica?", *Wegmarken,* pp. 199 s.), essa é somente uma versão, um tanto obscura, daquilo que digo acima. A diferença em questão é a orientação pelo ente como tal, em oposição à orientação pelo fenômeno do mundo.

ção de Russell para as proposições existenciais envolve um chamado *universe of discourse*, ou seja, pressupõe-se um universo de objetos objetivos no espaço e no tempo. Admitindo-se que possam passar em fila por nós, somos capazes de identificá-los individualmente como a, b, c etc. É o que se pressupõe quando, com Russell, se explica a proposição de que existe um F, com o qual todos os objetos são identificáveis (como a, b ou c etc.). Portanto, o emprego das proposições existenciais normais no sentido de Russell pressupõe o mundo objetivo acessível. Pressupõem-se que a, b, c etc. existam, mas "existir" não pode ter um sentido que seja definível apenas quando se recorre a esses objetos. Quando nos espantamos com a existência de alguma coisa, por "alguma coisa" entendemos a, b ou c etc.

Na proposição de que o mundo existe, referimo-nos a todo o *universe of discourse*, a todos os objetos. Mas o que isso significa? Também se pode falar de um mundo apenas possível, imaginado ou sonhado. E pode-se, então, designar o mundo real como o existente (isso é só uma questão terminológica). Se empregarmos a palavra "existe" dessa forma (no sentido de "real"), então "existe" é empregado de modo diverso do que quando se diz "leões existem", mas ambos os significados têm algo em comum, e não se consegue ver o que seria ilegítimo naquele que se refere ao mundo.

Passemos agora à segunda dificuldade, a única destacada explicitamente por Wittgenstein: a de que só podemos nos espantar com alguma coisa se pudermos imaginar seu contrário. Isso parece evidente, mas de que modo a proposição questionada não satisfaz a essa condição? De acordo com o que acabo de explicar sobre a primeira dificuldade, esse contraste entre "assim é" e "não é assim" também está implícito na proposição "o mundo existe".

Sempre que desperto pela manhã, posso admirar-me por estar novamente no mundo real e não mais em um mundo irreal. Como contra-argumento, poderíamos dizer que, nesse caso, me admiro somente com o fato de que o mundo objetivo e comum a todos está novamente presente para mim, mas não de que ele exista. O contraste entre esse mundo real e os diversos modos de um mundo irreal é, não obstante, inegável. Ele se impõe a tal ponto que filósofos sempre se preocuparam em encontrar uma maneira de provar que o mundo em que penso existir é o mundo real, e outros investigaram sobre como um mundo objetivo e comum constitui-se para nós. Portanto, não procede o que diz Wittgenstein: "Não posso imaginar que o mundo não exista."

Ao final de sua conferência, Wittgenstein ainda tenta elucidar, a partir de outro ponto de vista, o problema com o espanto com o mundo. Segundo ele, nos admiramos com algo inabitual, que a princípio achamos incompreensível. Quando, então, não nos contentamos em vê-lo simplesmente como um milagre, passamos a perguntar por suas razões, isto é, procuramos uma explicação. Obviamente, Wittgenstein quis dizer o seguinte: o discurso sobre o fato de nos admirarmos com a existência do mundo não se adapta ao que normalmente entendemos por "admirar-se", pois o fato de o mundo existir não é nada extraordinário; ao contrário, é o que há de mais evidente, e, a esse respeito, não se pode perguntar por razões.

Seria essa, contudo, uma objeção à possibilidade de parecer razoável espantar-se com a existência do mundo? Enquanto a primeira ponderação de Wittgenstein (de que também temos de conseguir imaginar o contrário) concernia apenas a uma condição necessária do espanto, essa segunda ponderação indaga se, nesse caso, podemos efetivamente falar de espanto e de admiração. Temos de admitir que não! Não seria, então, correto perguntar que outra palavra deveríamos empregar para mostrar que notamos que o mundo existe?

Agora já não se quer saber se é razoável prestar atenção na existência do mundo, mas somente se é razoável designar essa atenção ou observação como admiração ou espanto. Nesse contexto, vale notar que, ao introduzir as proposições sobre o espanto com a existência do mundo, Wittgenstein não fala absolutamente de admiração. Ao contrário, ele emprega expressões puramente cognitivas: na tradução [alemã] usam-se "wie sonderbar" (que singular) e "wie seltsam" (que estranho), enquanto no original inglês lê-se "how extraordinary" (que extraordinário). Não estaria ele se referindo ao simples fato de prestar atenção em vez de levantar as nuanças da admiração?

Na admiração e no espanto, exprime-se outra emoção, que se destaca em relação às demais. Depois que Descartes a entendeu como a primeira de suas seis emoções fundamentais[5], Espinosa a eliminou uma segunda vez de seu catálogo de emoções. Segundo Descartes, as demais emoções têm a função de guiar a atenção do indivíduo a fatos que são bons ou ruins para ele. A função do espanto seria chamar a atenção para objetos que mereçam ser considerados apenas a partir de razões cognitivas (§ 76). Quando isso se dá? Segundo Descartes, quando algo é novo (§ 53) ou incomum (§ 75). Entretanto, isso restringiria desnecessariamente o campo das emoções. De acordo com o *Webster's Collegiate Dictionary*, denomina-se "wonder", por exemplo, "the emotion excited by novelty or by something strange or not well understood"*.

---

5. Descartes. *Les passions de l'âme*. Espinosa, 3ª parte da Ética, 4ª definição dos afetos.

* Denomina-se "maravilha" a emoção despertada por uma novidade ou por alguma coisa estranha ou não bem compreendida. (N. da R. de T.)

Portanto, a princípio, seria melhor ater-se à definição formal: [o espanto ocorre] quando algo é notável, ainda que não seja útil para a pessoa em questão. Seria, então, o caso de perguntar quando algo é notável em termos puramente cognitivos. Em Descartes, porém, também fica em aberto qual seria o componente especificamente emocional do espanto. Logo, o aspecto de ser notado ainda parece demasiado formal.

Por ora, faço mais uma incursão na história. Como se sabe, Platão e Aristóteles designaram o espanto como ponto de partida do filosofar. Em sua monografia *Über das Staunen* [Sobre o espanto][6], Stefan Matuschek tentou deixar claro que do espanto resultam duas finalidades contrárias: em Aristóteles, a admiração, que se torna relevante para o cientista, é somente um ensejo para o indivíduo querer conhecer suas causas, e quem as conhece já não se espanta; para Platão, na ascensão às ideias, o filósofo alcança um espanto mais elevado (*ekplexis*).

Certamente há uma justificativa para Matuschek interpretar isso como duas concepções filosóficas, que ele então observa por meio da história da filosofia europeia e da mística. Parece, contudo, razoável dar atenção também a uma diferenciação estrutural, que aqui se torna visível no conceito da admiração. O espanto extático, ao qual Platão se refere em *Fedro* (250a), baseia-se em prestar atenção em objetos. Em Platão, esses são as ideias. No entanto, a partir de sua estrutura, pode-se considerá-la um caso de prestar atenção em *alguma coisa*. Em contrapartida, admirar-se com um fato é uma *proposição*. Sempre que dizemos "que estranho que...", segue-se uma proposição, por exemplo, uma proposição predicativa ("que

---

6. MATUSCHEK, S. *Über das Staunen. Eine ideengeschichtliche Analyse.* Tübingen, 1991. Cf. especialmente pp. 22 s.

estranho que a porta esteja aberta" ou – um exemplo dado por Aristóteles (*Metafísica* 983a15) – "[que estranho] que o diâmetro seja incomensurável"). Ou também se pode tratar, por exemplo, de uma proposição existencial ("que estranho que haja só mais três ovelhas no curral"). Nesses casos, quer as proposições sejam empregadas quotidianamente, quer na ciência, parece sempre evidente que essa admiração venha acompanhada por justificativas: "Como assim? Como explicar isso?" Se p causasse admiração, seria um contrassenso paralisar-se diante da estranheza que faz alguém ficar admirado. Uma estranheza dessa espécie mais parece um estalo. Só se entende algo notável dessa natureza como uma referência à pergunta pelo porquê de isso ser assim. Se, ao contrário, nos espantamos (independentemente das razões) com *alguma coisa*, então, obviamente, o que se quer dizer é o seguinte: essa coisa é tão notável que nela se deve prestar atenção, talvez aprofundando-se nela.

Parece razoável aqui fazer uma diferenciação também verbal, mencionando, num caso, uma *admiração* (com o fato de que p) e, no outro, um *espanto* (com A). Pertence ao sentido daquilo que chamamos de espanto conseguir fazer isso por um período maior (trata-se, portanto, de uma atividade da espécie que Aristóteles designou como *energeia; Metafísica* IX, 6). Como comportamentos semelhantes, também podemos mencionar a observação e o olhar, que são modelos de exemplos aristotélicos[7], enquanto a atenção que se exprime quando alguém se admira com p é, antes de tudo, um acontecimento momentâneo, uma vez que, ao perguntar por justificativas, aponta para além de si próprio.

---

7. Por isso, não creio que as concepções de Aristóteles e Platão se distanciem tanto uma da outra como pensa Matuschek.

Não se trata aqui do emprego exato dessas palavras (tanto mais que, nessas variantes, não há correspondências precisas nas diversas línguas), e sim de que esteja claro que, para seres que falam uma língua proposicional, haja esses diferentes modos em que eles podem prestar atenção em algo: de um lado, em p e, de outro, em A. Atualmente, quando se fala em ficar admirado diante de alguma coisa, é natural que já não se pense em seres transcendentes como ideias, tal como fazia Platão, e sim, por exemplo, no belo (do qual ele também partiu em *Fedro* e em *O banquete*) e, particularmente, em obras de arte. Podemos igualmente ficar espantados diante de um homem, de um besouro ou da estrutura das células. Quem se vê diante de uma obra de arte e se deixa influenciar por ela a enxerga como algo em que pode aprofundar-se. Ele se sente fascinado, talvez abalado por ela. Basta pensarmos, por exemplo, num autorretrato de Rembrandt. Nesse caso, o indivíduo sente-se duplamente impressionado: em primeiro lugar, pelo olhar de Rembrandt e, em segundo, pela qualidade estética do quadro. Mas será que é necessário designar como espanto esse aprofundamento atento em algo? Não necessariamente, mas se pode fazê-lo. Essa palavra convém, sobretudo, quando se está inclinado a exclamar: "Que espantoso que exista isso (esse quadro, esse homem etc.)!" Nesse caso, o espanto com A também se articula em uma proposição, e, assim, novamente se cumpriria a exigência de Wittgenstein de que a admiração ou o espanto sempre pressupõe a ideia de que esse poderia não ser o caso. É óbvio, no entanto, que tal proposição existencial não peça uma razão.

Deve-se dizer que ao espanto pertence o sentimento de incompreensibilidade e inexplicabilidade? Poderíamos então dizer que uma admiração voltada a um questionamento pelas razões e o espanto com alguma coisa têm em comum o fato de que em ambos se vai de encontro à sua própria incompreensão, e nela evidentemente reside o particular fator emocional, que faz com que a admiração e o espanto se distingam da mera atenção. Todavia, quando somos confrontados com nossa própria incompreensão na admiração, somos levados a fazer perguntas, enquanto no espanto nos conscientizamos de que ele está relacionado a alguma coisa que está além da capacidade explicativa.

Isso não significa, absolutamente, que no espanto não se queira nenhuma explicação. Ele diminuiria rapidamente se aquilo que o provoca – Rembrandt, o besouro, a célula etc. – não nos estimulasse a explicar o máximo possível. No entanto, o fato de ele *existir* aparece como inexplicável, em contraste com o "é" de uma proposição com a qual alguém se admira. Por isso, os dois modos de ser (a admiração e o espanto) podem ser ligados. O fato de um estudioso das ciências naturais pesquisar como uma formiga se comporta não exclui que ele se espante com a existência dessa espécie. O fato de um historiador de arte estudar um quadro de Rembrandt não exclui que ele possa considerar incompreensível a existência desse quadro.

Ainda é preciso distinguir uma terceira forma de admirar-se ao prestar atenção. No circo, por exemplo, o público se espanta. Também nesse caso não se fala de um questionamento pelas razões, tampouco se trata de aprofundar-se de maneira contemplativa em um objeto. Nessa situação, o indivíduo se espanta não com uma coisa, mas com uma exibição ou uma série de acontecimentos. Muitas vezes, o fato de existir essa forma "menor" de espanto, que satisfaz a curiosidade, é ressaltado por autores que tratam do assunto (em Descartes, cf. § 78).

Ambos os tipos de espanto podem fascinar, mas cada um a seu modo. Em ambos, o objeto ou os objetos percebidos excedem a compreensão ou a capacidade de explicar. No circo, a excitação se deve ao fato de não se entender como os apresentadores fazem suas acrobacias. Não se compreende, mas não se duvida de que sejam em si compreensíveis. Em contrapartida, quem se espanta com algo belo ou com uma obra de arte, sente-o (*quando se espanta*) como incompreensível.

Em todas as três formas há uma dinâmica, mas enquanto aquela da admiração consiste em perguntar por razões, as duas formas do espanto têm uma dinâmica interna e, por isso, podem perdurar. Quando nos espantamos com alguma coisa, nos demoramos nela. A dinâmica consiste em um aprofundamento. Quando nos espantamos com uma exibição, a dinâmica consiste na rápida alternância (necessária para a duração do espanto) de curiosidades, alternância essa que tem a função de impedir o surgimento da monotonia. Portanto, as três formas representam três modos pelos quais os homens deparam com os limites de suas indagações, uma vez que, devido à sua linguagem proposicional, procedem com base em razões.

Nossa tarefa não pode consistir em um aprofundamento nos diversos aspectos que nos levam a nos espantarmos com a existência de A. Contudo, parece razoável refletirmos sobre o que significa conseguir espantar-se não apenas com A, independentemente da razão, mas também com o fato de haver A. Por exemplo, podemos deixar que algo belo ou uma obra de arte nos influencie; no entanto, quando nos espantamos com isso, significa que reagimos não apenas subjetivamente, mas também que o percebemos como um ente independente, com o qual nos relacionamos de maneira não apenas estética, mas também cognitiva. Esse posicionamento objetivante intensifica-se ainda mais quando nos espantamos com o fato de que esse ente existe ("que espantoso que exista essa chacona!"*), pois, nesse caso, ele será visto como um ente que ocupa um lugar no mundo. O mundo é o cenário em que podemos nos espantar com a existência desse ente. Todo o restante passa a ser pano de fundo, e o ente aparece, então, como centro. Temos essa possibilidade de submergir no reconhecimento de alguma coisa, de modo que nosso próprio centro egocêntrico passe para segundo plano. E também podemos imaginar que cabe apenas às deficiências de nossa percepção o fato de não conseguirmos nos espantar do mesmo modo com outros centros. Portanto, podemos dizer: toda proposição semelhante a "que espantoso que exista A" é transparente em relação ao místico. O mundo é o lugar de toda proposição dessa espécie; por isso, quando nos espantamos com o fato de que A existe, o mundo está implícito em nosso pensamento, e quando explicitamos esse implícito, podemos dizer com Wittgenstein: "Que notável o fato de o mundo existir!"

Wittgenstein acreditava que era impossível alguém se espantar com a existência do mundo porque pensava que o indivíduo só consegue espantar-se ou admirar-se com o que é incomum (também Descartes acreditava nisso). Contudo, quando fica claro que o que provoca o espanto e a admiração funda-se na consciência de que se está diante de algo que não se entende, então também fica claro que a raridade é apenas um caso entre outros. Por isso, no *Webster Dictionary* é dito, com razão, "or something not well understood" (ver p. 171). Todavia, na verdade o "or" é inadequado justamente por ser esse o caso típico. Quando se entende o incomum, ele não provoca nenhuma surpresa.

---

* Dança popular de origem espanhola, século XVI, e que se difundiu na Europa e na Hispano-américa. [N dos T.]

Se nos admirássemos apenas com o incomum, o espanto filosófico seria, necessariamente, incompreensível (Wittgenstein também pensava assim e, por isso, entendeu a filosofia apenas como terapia). O espanto filosófico concerne ao que está claramente implícito em todo entendimento e ao que não se entende quando a ele nos referimos explicitamente. Como *locus classicus* para esse espanto pode valer a passagem no *Teeteto* de Platão, na qual Sócrates chama a atenção de Teeteto para aqueles elementos da compreensão que não provêm da experiência sensorial, como ser, número, identidade (184b ss.). Por que na filosofia nos espantamos com o que essas palavras querem dizer? A esse respeito, podemos citar a sentença de Agostinho, à qual também recorreu o Wittgenstein tardio: "O que é o tempo? Se ninguém me dirige essa pergunta, sei a resposta; se sou perguntado e quero explicar, não sei."[8]

Algo semelhante se dá com a proposição "o mundo existe". Ela também pode causar espanto. Contudo, é necessário distinguir o espanto causado pela compreensão dessa proposição daquele causado pela existência do mundo. O espanto filosófico concerne somente às estruturas de nossa compreensão, não ao mundo ou a objetos dentro dele. Podemos unir ambos, dizendo: "Que espantoso que possamos nos espantar com o fato de que haja alguma coisa (ou de que haja o mundo)!"

---

8. AUGUSTINUS. *Confessiones* XI, 14; WITTGENSTEIN, *Philosophische Untersuchungen*, § 89.

APÊNDICE SOBRE ASPECTOS HISTÓRICOS E ANISTÓRICOS

Dois aspectos metodológicos deste livro podem ser considerados particularmente estranhos: em primeiro lugar, o fato de eu ter discorrido, na primeira parte, de maneira anistórica, sobre aqueles que dizem "eu"; em segundo, o fato de que, no capítulo 6, relacionei entre si fenômenos históricos muito distantes.

É possível falar de modo tão geral sobre o ser humano ou todas as asserções sobre os homens têm de ser vistas relativamente a uma época e a uma cultura? A pergunta mostra até que ponto essas duas peculiaridades estão interligadas. Se só nos fosse permitido ver as coisas relativamente a uma época e uma cultura, então não poderíamos relacionar nenhum fenômeno com outro, a não ser em termos cronológicos.

Porém, também é possível se perguntar o inverso: pode-se falar sobre uma época sem fazer pressuposições antropológicas? Por exemplo, na pergunta sobre como a vida humana é possível sob as condições do capitalismo global, está pressuposta uma concepção de vida humana que, por sua vez, não se pode extrair de sua época; e toda tentativa de se compreender uma época também pressupõe conceitos antropológicos e descritivos.

Atualmente, na filosofia anglo-saxã, os conceitos e problemas antropológicos são discutidos em disciplinas filosóficas isoladas – na filosofia da linguagem, na teoria da ação, na *philosophy of mind* –, nas quais parece evidente que seus respectivos objetos devem ser tratados de modo atemporal. Todavia, a compartimentalização em disciplinas isoladas não parecer contribuir para esclarecer as questões filosóficas. Estas deveriam voltar a ser compreendidas a partir de uma pergunta fundamental, e uma vez que a ontologia e a filosofia transcendental já não convencem como redomas, a questão central é saber como devemos nos compreender como homens. A filosofia social não pode assumir a tarefa de responder a essa questão, porque ela não está na base de todas as disciplinas filosóficas isoladas e porque ela mesma tem um fundamento antropológico especificável (cf. p. 9).

Não obstante, segundo se afirma, os conceitos precisam ser pensados a partir de sua contingência histórica. Creio que, atualmente, se sobrestime até onde se pode investigar os conceitos antropológicos a partir de seus condicionantes históricos. Nem sequer está claro como se deve entender o discurso sobre a condicionalidade histórica. Deve-se pensar mais sincronicamente em uma dependência de condições socioeconômicas ou mais diacronicamente em uma história imanente das ideias? Esses dois modos de ver excluem-se mutuamente. De acordo com a primeira concepção, só compreenderíamos um conceito quando conhecêssemos as causas que levaram à sua formação; de acordo com a segunda, somente quando conhecêssemos sua história prévia. Considero ambas falsas. Compreende-se um conceito quando se consegue esclarecer, em seu sentido, a palavra correspondente; e a história prévia é tão irrelevante para isso quanto o é a etimologia para se determinar o significado da palavra.

O que certamente é possível é comprovar que o alcance de um conceito é menor do que se pensava. Por exemplo, afirma-se algumas vezes que há línguas humanas que não possuem esta e aquela estrutura que se tomava por universal, ou se reconhece que o que se considerava justo assentava-se sobre o modo de ver particular de uma classe social. Com esse procedimento, é possível provar que conceitos vigentes são limitados, mas não é possível encontrar aqueles que deveriam, então, entrar em seu lugar.[1]

Como se deveria avaliar, então, a segunda peculiaridade metodológica, mencionada na introdução deste apêndice? Ela está relacionada à distinção que faço entre as perspectivas da primeira e da terceira pessoas (ver p. 127 s.). Tomada em sentido literal, certamente essa distinção conduz a equívocos, e talvez possa ser substituída por uma designação melhor. Essa distinção entre duas maneiras de se referir ao histórico baseia-se numa distinção gramatical. Uma pessoa A, por exemplo, um filósofo antigo, disse ou escreveu isto e aquilo, que pode ser chamado de p. B, o historiador ou filósofo atual, tem então duas possibilidades de se referir a isso. Ele pode relatar o que A disse, e a isso também pertence a justificação que ele deu para p. No entanto, B também pode perguntar se p está justificado. A primeira possibilidade é o que chamo de perspectiva da terceira pessoa: "terceira pessoa" porque B fala *sobre* as opiniões e justificações de A. Outra possibilidade é o que chamo de perspectiva da primeira pessoa:

---

1. Sobre a ideia de uma progressiva desrelativização dos conceitos, cf. meu artigo sobre o método filosófico, in: *Philosophische Aufsätze*, pp. 261 ss., especialmente a p. 271. Cf. também minha conferência "Kann man aus der Erfahrung moralisch lernen?", in: *Probleme der Ethik*, pp. 87 ss.

"primeira pessoa" porque, para B, não se trata tanto do que A disse nem do porquê ele (A) o considerou verdadeiro; ao contrário, ele mesmo (B) gostaria de saber se o que foi dito por A é verdadeiro. Naturalmente, isso pressupõe que B possa referir-se à mesma coisa (ao mesmo conteúdo proposicional) que A; portanto, sob esse aspecto, pressupõe uma abstração do tempo e do espaço.

Trata-se de uma bifurcação fundamental para o modo como um homem recebe o que outro diz. Ou ele está interessado apenas no fato de que outra pessoa disse p, ou, na outra perspectiva, para ele é irrelevante que tenha sido essa outra pessoa a dizer p. Para ele, o que interessa é p e se p foi justificado. Cabe uma justificação quando, por exemplo, estamos lidando com um texto filosófico. Geralmente, essa justificação faz parte do próprio texto. Nesse caso, a diferença entre ambas as perspectivas torna-se ainda mais clara. Se B considera o texto a partir da perspectiva da terceira pessoa, então ele assimilará a justificação de A, já que ela é uma parte do texto. Porém, ele não irá perguntar se a justificação é plausível. Na terceira pessoa, B está interessado em A, mas só se interessará por p se ele for dito por A; portanto, em discurso indireto. Na primeira pessoa, B não está interessado em A, mas em p.

Apliquemos essa distinção à história da filosofia. (Posteriormente questionarei o alcance dessa distinção.) A filosofia teve épocas essencialmente receptivas, nas quais se tratava, sobretudo, de saber o que havia sido dito na história da filosofia, seja porque os filósofos se consideravam originariamente parte de uma tradição (por exemplo, na escolástica), seja porque acreditavam que a história da filosofia (e com ela também a da humanidade ou a do "Ocidente") tivesse transcorrido segundo determinado princípio imanente, como pensaram Hegel, de um modo, e Heidegger, de outro. Ainda há filósofos que se veem assim, e também há tomistas, hegelianos e heideggerianos. Contudo, hoje esse ponto de vista é muito difícil de compreender. Um filósofo não é alguém que se atém a determinada tradição, e sim que levanta determinadas questões objetivas. Ele só recorre aos filósofos anteriores na medida em que crê poder aprender algo com eles sobre essas questões. Nesse sentido, podemos dizer que recorre a eles a partir da perspectiva da primeira pessoa. Isso significa não apenas que ele questionará a pertinência daquilo que encontra num filósofo, mas também que só irá compartilhar os pensamentos que lhe parecerem importantes. Frequentemente, é preciso ser, ao mesmo tempo, filósofo e historiador, pois se sabe que, se os pensamentos do filósofo não forem analisados em seu próprio contexto, algo importante poderá escapar a quem os estuda. No entanto, o que assim se alcança na perspectiva da terceira pessoa é somente uma base.

Do ponto de vista estético, pode parecer satisfatório analisar os contextos internos a partir da perspectiva da terceira pessoa; todavia, quem discute os pensamentos de um filósofo a partir da perspectiva da primeira pessoa está igualmente apto a constatar rupturas e contradições. As filosofias não são obras de arte. Na chamada filosofia continental europeia, sobretudo a partir de Hegel e depois, mais uma vez, a partir de Heidegger, há uma tradição para a qual é importante apresentar cada filósofo do passado como sendo uniforme em si próprio – com que finalidade? – e, sobretudo, reconhecer um contexto uniforme na história das ideias, tanto em relação a conceitos isolados quanto em relação às posições filosóficas como um todo. Se atualmente a designação "filosofia continental europeia" ainda tem algum sentido, ele consiste nessa convicção. Contudo, é evidente que conceitos e problemas filosóficos não possuem uma história imanente como se fossem plantas. Tais mecanismos de desenvolvimentos imanentes, como imaginaram Hegel e Heidegger, não existem. É o que se pode demonstrar com casos relativamente simples, que tratam da relação de um filósofo com outro, que se pode designar como seu antecessor, como Aristóteles em relação a Platão, Espinosa em relação a Descartes, e Hegel em relação a Kant. O que "conduziu" de um ao outro? Em primeiro lugar, uma multiplicidade de *relações causais*, de natureza social, econômica e psicológica, das quais sabemos pouco; em segundo, porém, as *razões* que o próprio filósofo posterior tinha para afastar-se do anterior, o que significa que a perspectiva da primeira pessoa também já era a que se tinha no âmbito da história de um em relação ao outro.

Com essa ideia podemos perguntar até que ponto é possível investigar a *causa*, ou seja, o que fez com que o filósofo posterior desenvolvesse uma nova concepção em relação ao filósofo anterior. Todavia, na medida em que às vezes se consegue investigar a causa de uma argumentação que busca razões, essa argumentação explode. O que determinou a opinião foram essas causas, não as supostas razões. (Por isso, costumamos procurar as causas somente quando as razões são incompreensíveis.) Investigar as razões é um trabalho destrutivo, pois mais tarde a opinião terá de ser justificada de outro modo ou ser abandonada.

Para aquele que filosofa na perspectiva da primeira pessoa, as tradições nas quais ele se encontra só podem ter um sentido negativo. Ou justifico uma opinião que me foi transmitida, mas nesse caso ela terá sido transmitida não apenas a mim, ou me desfaço dela por ela parecer injustificada. Assim, por exemplo, quem se encontra na tradição da filosofia ocidental irá, inicialmente, considerar o que foi dito nessa história um trabalho extremamente difícil. Essa pessoa irá lidar com essa filosofia de forma irreverente, extraindo dela apenas o necessário para as questões objetivas, tal como as consegue enxergar, e, do mesmo modo, embora com mais cuidado porque provavelmente os compreende menos, irá considerar os pensamentos das outras tradições.

Com isso, pergunto-me em que medida, no capítulo 6, eu estava autorizado a relacionar entre si, de modo tão simples, pensamentos de tradições diferentes. Assim como, em minha demanda de justificações, posso me ocupar de um filósofo antigo qualquer, tenho de conseguir relacionar as justificativas daqueles filósofos que pertencem a culturas diferentes, contanto, é claro, que eu pense que eles falam sobre a mesma coisa. Obviamente, posso ser contestado nessa pressuposição.

Até agora, mencionei apenas o confronto com filósofos do passado. Se nos indagarmos sobre o alcance do método relativo à perspectiva da primeira pessoa, podemos facilmente dizer que ele chega até onde é possível falar de razões. Por isso, a partir da perspectiva da primeira pessoa, pude me ocupar de posições místicas e religiosas. Em geral, elas também são justificadas; porém, quando sua justificação não se dá de maneira explícita, podemos nos perguntar quais razões elas implicam. Todavia, neste momento não se trata de justificar asserções, e sim de justificar uma prática, e ocupar-se dela na primeira pessoa significa contemplá-la como própria; portanto, as razões serão avaliadas como boas ou ruins. Assim como no caso da justificação de asserções, o intérprete pode permanecer na perspectiva da terceira pessoa e limitar-se meramente a compreender as razões indicadas.

Quero ilustrar minha distinção dos dois modos de abordagem a partir da perspectiva da terceira e da primeira pessoas confrontando-a com uma distinção semelhante, que foi decisiva para Gadamer ao elaborar sua concepção da hermenêutica. Na segunda parte de *Verdade e método*, Gadamer desenvolve uma ideia de compreensão histórica que ele contrapõe às concepções objetivistas da historiografia do século XIX. O hermeneuta gadameriano não aspira à objetividade, mas põe sua subjetividade em jogo ao entrar numa "conversa" com aquilo que quer compreender. Para entender o horizonte de compreensão do interpretado, ele e o intérprete precisam tratar do mesmo "assunto"; além disso, o intérprete tem de refletir sobre seu próprio horizonte de compreensão. Gadamer vê o objetivo da compreensão na "fusão" do horizonte próprio com o alheio.

Minha concepção é comparável à de Gadamer, uma vez que ele fala de uma conversa e de um assunto em comum. Ele também fala de "verdade", mas em nenhuma parte se refere a razões. Por trás disso está o fato de que Gadamer assumiu o conceito de verdade de Heidegger, que não se baseia em razões. Na realidade, quando já não se fala de razões, também se deveria deixar a palavra "verdade" de lado. Por isso, Gadamer não esclarece em que deve consistir o "assunto" em comum nem qual deve ser a estrutura da "conversa". O fato de ele mencionar uma "fusão" parece-me tão característico de sua posição quanto é insatisfatório. Se a conversa é entendida como uma discussão sobre razões, então não se produz nenhuma fusão, e sim consensos e dissensos definíveis.

Minha concepção também se distingue daquela de Gadamer na medida em que, para mim, a perspectiva da primeira pessoa não é melhor nem mais correta do que a da terceira. Trata-se, antes, de dois modos de ser que resultam de uma estrutura gramatical e semântica uniforme. Embora eu pense que a perspectiva da primeira pessoa seja o questionamento mais importante, ela pressupõe a investigação mais extensa possível na perspectiva da terceira pessoa. Quando não conhecemos uma posição, não podemos nos ocupar dela. Não obstante, temos de estabelecer prioridades, e é uma questão de opinião quão bem se julga ser preciso conhecer uma posição para poder ocupar-se dela.

Concordo com Gadamer quanto à ideia de que, quando lidamos com a "história", temos de ser capazes de nos referir a posições que não estão em uma relação diacrônica com a nossa própria posição (nesse sentido, a compreensão do fator histórico para Gadamer distingue-se fundamentalmente daquela de Heidegger). Quanto a esse aspecto, há uma ulterior ambiguidade, na qual a palavra "histórico" é empregada. Por ela se entende apenas a relação diacrônica ou também a sincrônica? Em minha opinião, deveríamos rejeitar a ideia humanística *de uma* história de nossa própria cultura, compreendida diacronicamente, em favor de uma ciência universal da cultura. Até que ponto posições antigas da nossa própria história cultural ou aquelas de outras culturas se tornarão importantes para nós é uma questão em aberto, que somente nossos próprios questionamentos poderão resolver.

O universal do ser humano tem o mesmo alcance da compreensão, ou seja (e, nesse ponto, distingo-me de Gadamer), da compreensão de razões. O que isso significa em termos de conteúdo pode e deve ser corrigido empiricamente, mas tais correções implicam que aquilo que tínhamos em vista nunca deixou de ser uma ideia geral do ser humano.

OBRAS DE TUGENDHAT PUBLICADAS NO BRASIL

"Como devemos entender a moral". In: *Philósophos*, v. 6, n.ᵒˢ 1 e 2, 11-25, 2001.
V. Rohden (org.). *Não somos de arame rígido*. Canoas: Ulbra, 2002. pp. 51-71. (Coletânea de vários artigos.)
Lições sobre ética. 6ª ed. Petrópolis: Vozes, 1997.
Diálogos em Letícia. Porto Alegre: Edipucrs, 2002.
Lições introdutórias à filosofia analítica da linguagem. Trad.: Ronai Rocha. Ijuí: Unijuí, 2006.
TUGENHADT, Ernst; WOLF, Ursula. *Propedêutica lógico-semântica*. Trad. Fernando Augusto da Rocha Rodrigues. Rio de Janeiro: Vozes, 1996.
"Reflexões sobre o que significa justificar juízos morais". In: *Ética: questões de fundamentação*. Org. Adriano N. de Brito. Brasília: UnB, 2007.
"O contratualismo na moral". In: *Ética: questões de fundamentação*. Org. Adriano N. de Brito. Brasília: UnB, 2007.
TUGENDHAT, E.; VICUÑA, A. M. e LÓPEZ, C. *O livro de Manuel e Camila: Diálogos sobre moral*. Goiânia: UFG, 2002. Org. de Adriano N. de Brito. Tradução: Suzana Albornoz e Carmen Maria Serralta.
"Wittgenstein I: A impossibilidade de uma linguagem privada". In: *Novos Estudos*. Cebrap. n.º 32, março de 1992. pp. 47-63.
"Wittgenstein II: A saída da campânula". In: *Novos Estudos*. Cebrap. n.º 33, julho de 1992. pp. 249-66.
"O eu". In: *Analytica*, v. 1, n.º 1, 1993.